決算・監査コストの最適化マニュアル

公認会計士・税理士
浅野雅文 編著
ASANO Masafumi

公認会計士
武田雄治 著
TAKEDA Yuji

中央経済社

は じ め に

■決算の複雑化と早期化，人手不足で疲弊している企業が多い

　近年，会計業界は会計基準の国際化が進み，日本においても収益認識基準の導入など日本基準の "IFRS化" が進んでいます。また，「財務報告に係る内部統制制度（いわゆるJ-SOX）」が導入されたことで，上場企業は，財務諸表や注記の作成のみならず，その生成過程の有効性の評価についても求められるようになっています。

　このように，決算を取り巻く "企業のやるべきこと" は増加・複雑化の一途をたどっています。にもかかわらず最近では「決算早期化」が叫ばれたり，「働き方改革」の一環として，従業員に簡単に残業をさせることが難しい環境になっています。

■監査法人も同様の悩みを抱えており，監査報酬も増加傾向にある

　さらに，リーマンショック後，いっときは不況が叫ばれていた会計監査業界でしたが，最近では監査業界にも「働き方改革」の波が押し寄せたのか，過度な残業を抑制する動きがあるようです。結果，監査業界では公認会計士不足に陥り，監査報酬も値上がり傾向にあります（中には監査法人と契約したくても，人手が回らずに契約させてもらえない，監査難民と化す企業もあるようです）。

　加えて，2020年3月期から一部の上場企業に早期適用されたのを皮切りに，2021年3月期には，全上場企業（および一定規模以上の非上場企業）に対して，新しい監査報告書表記の仕組みである「KAM：Key Audit Matters」の導入が始まりました。当制度の導入により，これまでどの企業もおおむね同じであった監査報告書の表記が大きく変わります。具体的には，監査報告書上に，監査法人が監査の過程で重視した主要な検討事項，重要な虚偽表示リスク等が記載されることが求められます。そのため，公開情報，非公開情報を含め，ふだん企業に対する深い知識のない財務諸表利用者に対して，わかりやすい表現で監査人の重視した事項が説明・開示されます。これら一連の作業は，監査法人にとっても，経営者または監査役にとっても相当程度の工数増加になるもの

と予想され，それらは一義的にはすべて決算・監査コストの増加要因となるわけです。

　つまり，企業にとっては，

- **決算でやるべきことが増えている**

　　にもかかわらず

- **働き方改革の要請で経理部門の頭数を増やさざるを得ず**

　　しかも

- **決算開示は早くしなければならない**

　　うえに

- **監査報酬は高くなる一方**

という，まさに**八方塞がり**の状況になりつつある，といえるのではないでしょうか。

■現場での実践経験の共有

　筆者は大手監査法人での監査経験を経て，現在は，100％企業側の立場から，会計税務コンサルティング・アウトソース業務を行うコンサルティング会社を営んでおり，自身も現役コンサルタントとして，ベンチャー企業から日本を代表するグローバル企業まで，さまざまな企業の顧問として，日々，上記のような企業のお悩みに寄り添いながら，現在進行形で解決策を模索しています。こと，内部統制構築・評価については，US-SOX導入期・J-SOX導入期より監査人として，また企業側のコンサルタントとして関わり続けており，内部統制評価・構築の効率化に関する多くのケースを経験してきました。

　他方で，今回，本書執筆に協力してくれた，もう1人の筆者である武田雄治公認会計士は，これまで約15年にわたって決算早期化コンサルティングに従事し，100社超の企業から相談を受け，うち40社を超える上場企業の決算早期化プロジェクトをサポートしてきた決算早期化のエキスパートです。

　このような筆者らのコンサルティングの現場においても，こういったお悩みをお聞きする機会は実に多いといえます。なぜ，このような問題が起きるのか，をよく考えてみたところ，

- **企業にとって，監査法人の考え方や手続は見えづらく，監査終了までを見**

　据えた業務の効率化施策を講じることができていない
- 保守的・リスク回避的な監査法人の姿勢から，基準の趣旨に基づき「やるべきことと，やらなくてよいこと」の線引きがあいまいとなり，業務効率化に向けた取捨選択ができない

からではないかと思うようになりました。

　そして，企業が主体性をもって必要な業務と不要な業務の取捨選択をし，内部統制や決算業務，監査対応業務を効率化することができれば，担当人員の残業も減らすことができ，また人数も減らすことができ，決算・監査にかかる全体コストを削減できるのではないか，と考えたのです。

　そこで本書では，「**内部統制が変われば，決算・監査対応は楽になる，コストは安くなる**」をコンセプトに，ふだんあまり企業の知るところでない，監査法人による監査手続決定のメカニズムをご紹介するとともに，これを踏まえて，決算・監査に関連するコストを下げるために企業ができる唯一最大のコスト削減施策である，内部統制対応・決算手続のポイントについてご紹介していきたいと思います。

　筆者らが日頃コンサルティングの現場で実践している活きたアイデアではあるものの，まだまだトライ＆エラーを繰り返しながら，ノウハウは日々アップデートされている現在進行形の状態ですので，読者の皆様のご意見や導入結果なども是非お聞かせいただければ嬉しいです（YouTube※やセミナー，メール，フェイスブックなどのSNSを通じてお気軽にご連絡ください）。

　　※　公式YouTubeチャンネル『魁！内部統制道場〜内部統制って楽しい〜』

　あくまで，無理なく論理的に，決算・監査コストの最適化を目指すことが本書の目的ですので，監査法人との価格交渉を通じてコストを削減するための実務本ではないことをあらかじめ申し添えます（交渉術については，他に多くの良書がありますので，そちらに譲りたいと思います）。

■想定している読者

　以上から，本書は下記のような企業側の読者を想定して執筆しています。

① **CFO・経理部担当者**
➢ 決算早期化と働き方改革の狭間でお悩みの経営者・CFO
➢ 経理人材の人繰りでお悩みの経営者・CFO
➢ 決算・監査コストの肥大化でお悩みの経営者・CFO
➢ 毎回決算期日と監査対応に追われ，決算手続の効率化と早期化を図りたい経理担当者
➢ 内部統制担当部門や監査法人等から過剰な内部統制の整備・運用を要求され，お悩みの経理担当者
➢ 内部統制担当部門や監査法人等から，何度も似たような資料準備の依頼を受け，準備に奔走し疲弊している経理担当者

② **内部統制／内部監査担当者**
➢ 内部統制対応の肥大化・形骸化にお悩みの内部統制担当者
➢ 人手不足にお悩みの内部統制担当者
➢ 内部統制対応のリソース配分方法にお悩みの内部統制担当者

　本書の内容が，「貴社の決算・監査コストの最適化」，ひいては貴社のますますのビジネスのスピードアップの一助になれば幸いです。

　最後に，筆者が本書を執筆するにあたり，決算早期化に関する豊富な経験と知識を活かして本書第5章の執筆に参加協力してくれた，前職同僚で，友人で，現在はビジネスパートナーでもある武田雄治公認会計士に改めて感謝の意を表するとともに，毎回（特に今回は），企画段階から出版まで長い時間をかけ辛抱強くご指導くださった，中央経済社坂部編集長，執筆中にも現場実務を支えてくれた弊社メンバー各位，いつも暖かく応援してくださるクライアント各社様，家族・友人に心から感謝の意を表したいと思います。

　2021年3月
　　　　　　　　　　　著者を代表して　　　株式会社 Collegia International
　　　　　　　　　　　　　　　　　　代表取締役　**浅野　雅文**
　　　　　　　　　　　　　　　　　　　　（公認会計士・税理士）

【本書の構成】

本書は大きく**3部構成**となっています。

まず**第Ⅰ部**では，昨今の監査報酬の推移をマクロ情報とともに分析するとともに，監査報酬の構成要素，および財務諸表監査報酬決定の最重要概念である「**リスク・アプローチ**」について解説します。そのうえで，企業が監査報酬の増加を抑えるためにできる施策は何かを考察します。

そして**第Ⅱ部**では，企業の決算・監査対応にかかる負担を最適化するための具体的な施策について，**決算体制や決算時の手続**，また**内部監査の体制**といったそれぞれの観点から解説します。

さらに**第Ⅲ部**では，企業の公認会計士監査対応のもう1つの重要要素である**内部統制報告制度対応**について，対応コストの構成要素やリソース配分の最適化による対応コスト最適化のポイントを解説します。

また**巻末付録**として，「内部統制が強くなる，監査が楽になる体系的決算調書例」，「近年の内部統制報告書上の「重要な不備」開示件数の推移分析」を掲載しました。貴社の決算・監査対応コストの最適化に向けた参考としてご活用いただければ幸いです。

全編を通じたキーメッセージ

内部統制が変われば，決算・監査対応は楽になる，コストは安くなる

第Ⅰ部 監査コストをめぐる概要

(F) 第1章 近年における監査報酬の推移と今後の動向
- 監査報酬の過去数年のトレンドを分析
- 今後の報酬増加要因とは

(T) 第2章 そもそも監査報酬はどのように決まるのか？ ～監査報酬計算のメカニズム～
- 監査報酬の計算メカニズムとは
- 監査報酬計算の重要概念"リスク・アプローチ"とは
- 企業ができる最大の監査報酬削減施策とは

決算・財務諸表監査（対応）コストの最適化　　　内部統制評価・監査（対応）コストの最適化

第Ⅱ部 決算対応と財務諸表監査コストの最適化

	想定読者	
	CFO・経理	内部統制／内部監査
(P) 第3章 監査対応・監査工数が劇的に減る決算時の内部統制 ・分析的実証手続とは ・レコンシリエーションとは	●	▲
(P) 第4章 決算・監査対応コスト最適化のための内部監査のポイント 監査工数が減る内部監査，内部統制評価とは	▲	●
(P) 第5章 決算・監査対応を省力化するための経理業務改革 その他決算・監査工数を減らす6つのポイントとは	●	▲

第Ⅲ部 内部統制評価と内部統制監査コストの最適化

	想定読者	
	CFO・経理	内部統制／内部監査
(T) 第6章 内部統制対応コストの最適化 ・内部統制対応のリソース配分は適切なのか ・内部統制対応コストの構成要素とは ・内部統制対応コスト最適化の最大のポイントとは	●	●
(P) 第7章 内部統制のマクロレベル評価範囲最適化の実務 正しい評価プロセス決定方法を理解し，無駄をなくす	▲	●
(P) 第8章 内部統制のミクロレベル評価範囲最適化の実務 評価すべきリスクと統制の正しい理解により，無駄をなくす	●	●
(P) 第9章 DX時代の内部統制～業務簡素化による対応コストの削減～ 以下のマトリクスで内部統制の無駄をなくし，有効性と効率性を高める ・RCMサマリー ・RASCIモデル ・浅野式 A→D→S→I マトリクス	●	●

巻末付録

(P) Appendix 1 内部統制が強くなる，監査が楽になる体系的決算調書例

(F) Appendix 2 近年の内部統制報告書上の「重要な不備」開示件数の推移分析

凡例

(F)：Fact（事実）& Analysis（分析）
(T)：Theory（理論）
(P)：Practice（実践）

CONTENTS

第Ⅰ部
監査コストをめぐる概要

第Ⅱ部
決算対応と財務諸表監査コストの最適化

第4章 決算・監査対応コスト最適化のための 内部監査のポイント—————71

第Ⅲ部
内部統制評価と内部統制監査コストの最適化

第9章　DX時代の内部統制
〜業務簡素化による対応コストの削減〜 —— 191

【凡例】

本書における略称	正式名称
監査報酬実態調査	上場企業監査人・監査報酬実態調査報告書（監査人・監査報酬問題研究会）
監査報酬算定ガイドライン	監査報酬算定のためのガイドライン（日本公認会計士協会）
監基報315	監査基準委員会報告書315「企業及び企業環境の理解を通じた重要な虚偽表示リスクの識別と評価」
監基報500	監査基準委員会報告書500「監査証拠」
監基報520	監査基準委員会報告書520「分析的手続」
監基報610	監査基準委員会報告書610「内部監査人の作業の利用」
監基報701	監査基準委員会報告書701「独立監査人の監査報告書における監査上の主要な検討事項の報告」
研究報告18号	監査・保証実務委員会研究報告第18号「監査時間の見積りに関する研究報告」
基準	財務報告に係る内部統制の評価及び監査の基準（企業会計審議会）
実施基準	財務報告に係る内部統制の評価及び監査に関する実施基準（企業会計審議会）
金商法	金融商品取引法
内部統制府令	財務計算に関する書類その他の情報の適正性を確保するための体制に関する内閣府令
内部統制府令ガイドライン	「財務計算に関する書類その他の情報の適正性を確保するための体制に関する内閣府令」の取扱いに関する留意事項について
Q&A	内部統制報告制度に関するQ&A（金融庁）
11の誤解	内部統制報告制度に関する11の誤解（金融庁）
事例集	内部統制報告制度に関する事例集〜中堅・中小上場企業等における効率的な内部統制報告実務に向けて〜（金融庁）
監査の実務上の取扱い	監査・保証実務委員会報告第82号「財務報告に係る内部統制の監査に関する実務上の取扱い」
研究報告32号	監査・保証実務委員会研究報告第32号「内部統制報告制度の運用の実効性の確保について」

※　本書は2021年3月時点で適用されている基準等をもとに執筆しています。
　　上記のうち一部，2021年3月現在改正作業中のものがあり，可能な限り改正内容を考慮して執筆していますが，改正後の基準等の内容と相違する可能性がある点，あらかじめご了承ください。

第1章
近年における監査報酬の推移と今後の動向

本章では，決算・監査対応コストを最適化する前提として，近年における上場企業の監査法人監査報酬の動向を確認します。

この章のポイント

- 監査報酬が増えているのは貴社だけではない
- 監査報酬は年々増加傾向にある
- 直近の監査法人交代理由の2割が監査報酬を理由にしている
- 監査法人を交代すればコストは下がるとはいえない
- 今後も監査報酬が増加傾向になりうる要因がいくつかある
- 内部統制が変われば監査報酬も下げられる

第1節　監査報酬の増加に歯止めはかかるのか？

(1)　わが社の監査報酬ははたして妥当か？

　経理部長「なに⁉　また監査報酬の増額ですと⁉」

　監査法人「はい，本当に申し上げづらいのですが，人件費の高騰や貴社の業務の複雑化，さらには新基準の適用・手続の厳格化などの影響で致し方なく……」

と新年度の監査契約に係る見積書を差し出して……

　経理部長「なんと！　しかも前年と比べて倍近い値上げではないですか⁉」

　監査法人「はい，これまた大変申し上げづらいのですが，事務所の方針で，この条件をご承諾いただけない場合は貴社との監査契約の継続が難しく……」

　経理部長「この条件が飲めなければ，うちとの監査契約を打ち切るということですか⁉」

　上記はさすがに極端なケースかもしれませんが（ただ，こういう事例も実際に聞きます），ここ数年，監査契約の更新時期に近づいてくるに連れ，「また監査法人から監査報酬増額の要求を受けた」という半分ぼやきのようなご相談をクライアントから受けることが増えてきたように思います。

　企業は，上場するため，また上場企業（または会社法上の大法人）として事業活動を続ける以上，上場会社監査事務所として登録されている監査法人または公認会計士（以下「監査法人等」）による監査証明を受けなければなりません。しかしながら，ふだん接している監査法人であっても，その専門性ゆえに業務の全容を理解するのは難しく，また唯一のアウトプットが，（少なくともこれまでは）ほぼ定型化された「監査報告書」のみであることから，監査法人等から提案された監査報酬がはたして妥当な水準なのか否か，企業側から判断することは至難の業です。

(2)　監査報酬が上がるのは企業の責任でもある？

　それでは企業は，やはり監査法人等の値上げ要求どおりに監査報酬を支払い

続けなければならないのでしょうか？

　筆者の考えは NO です。

　ただし，筆者の監査法人勤務時代の経験に基づくと，そもそも監査報酬が上がる主たる要因の1つに，監査法人等が監査報酬を上げざるを得ない環境を，企業自身が作り出してしまっているケースが少なからずあると理解しています。

　例えば，

- 依頼した資料が予定どおりに提出されず，往査初日から手待ちになった
- ようやく資料を入手できても，数値，証票資料間の整合性を確認するのが困難で，想定していた以上に時間を要する
- 資料が体系化されていなかったり，データソースが不明瞭なため，数値分析が可能な状態まで資料を加工するのに相当の時間がかかる
- ようやく分析可能になって質問したら，質問に対する回答がいつまでたっても返ってこない
- ようやく分析が終わったと思ったら，提出された決算数値には誤りが多く，修正依頼と再チェックに時間を要する

など，企業側に起因する監査工数増加の要因には枚挙にいとまがありません。

　つまり，**監査報酬が高い原因は，もしかすると企業自身に責任の一端がある
のかもしれない**のです。

図表1-1-1　企業側に起因する監査コスト増加要因例

資料が予定どおりに提出されない	→	手待ち・資料回収・再依頼の手間が発生
↓		
資料の見方がわからないデータソースが不明瞭	→	基礎データの信頼性を確認するための手間が発生（分析に資するデータなのか？）
↓		
分析・検証の結果，数字の誤りが多い	→	修正依頼の手間が発生修正後の再検証の手間が発生

→ 監査報酬の増加

(3) 内部統制が変われば決算・監査コストは下げられる

　このように筆者が監査法人時代に手間取った経験を書くと，「企業側で，監査法人等のために環境整備をするというのは納得いかない。それは監査側の問題だ。自分の会社の業務効率化でさえ手一杯なのに監査法人のお世話まで手が回らない」，「急に資料を要求されたり質問されても，そんなに早く対応できるはずがない。仮に早くできたとしても，粗っぽいものになるのはしかたない」というご指摘もあるかもしれません。筆者も企業側で仕事するようになった今，そう思うこともありますので，ごもっともなご意見だと思います。

　しかし現実問題として，企業自身が，監査法人等がより効果的かつ効率的に監査できる環境整備をする努力をしない中で，いくら監査法人等に監査報酬の値下げ要求をしたとしても，両者の関係が悪化するだけで，よい結果にはつながらないのではないでしょうか。

　他方で，実は監査法人等の監査手続を決める基本的なロジック・考え方を理解し，企業自身の業務のあり方や内部統制を変えることができれば，**監査法人等の監査手続を効率化・省力化すること**は可能です。監査手続を省力化できればその分，工数が減り，自ずと監査報酬も削減余地が見えてきます。

　それどころか，その取組みの恩恵は，監査法人の監査手続の省力化のみならず，**自社の内部統制対応，決算対応の効率化と省力化**にもつながります。

　結果，自社の内部統制対応コスト，決算対応コスト，監査法人等に対する監査コストのすべてが，業務の有効性を合理的水準に保ったまま削減され，「内部統制・決算・監査対応コストの最適化」が実現するわけです。

　そこで，本書では，まず近年の監査報酬の動向分析から始まり，ふだん企業側からは見えにくい，監査法人等の監査手続決定のメカニズムに着目してそれらを紹介します。そして，それらを踏まえ企業がどのように変わるべきか，筆者がふだんコンサルティングの現場で実践している内部統制・決算・監査効率化の"ツボ"を押さえることで，企業と監査法人が，無理なく，期中から年度末の監査の終了までの内部統制対応，決算対応，監査対応にかかる全体コストの最適化を目指すアイデアをご紹介していきたいと思います。

　本書のキーワードは，ずばり「**内部統制が変われば，決算・監査対応は楽に
なる，コストは安くなる**」です。

第2節　監査報酬の推移分析

(1)　全体分析

　具体的な監査コスト最適化施策の議論をする前に，実際に監査報酬がどの程
度上がっているのか，概観を見ていきたいと思います。

　日本公認会計士協会が監査人・監査報酬問題研究会に調査委託した結果であ
る『上場企業監査人・監査報酬実態調査報告書』（以下「監査報酬実態調査」）
の2020年版によると，日本企業の監査報酬の平均額は2013年度以降，2018年度
まで6年連続で対前年比増加していることがわかります。この背景には，2014
年3月決算から適用が開始された「監査における不正リスク対応基準」の適用
による影響があると予想されます。また，中央値にほとんど変化がなく，標準
偏差が大きくなっていることから，より多くの監査報酬を支払う企業が増加し
ていることが考えられるようです。

図表1-2-1　監査報酬の全体推移

出所：2020年版監査報酬実態調査　図表3より筆者加工

(2) 上場市場別分析

　ただ上場企業とひとくくりにいっても，わが国には，東京証券取引所第一部や第二部といった本則市場（非新興市場）に上場している企業のほか，上場ベンチャーの登竜門的存在である東証マザーズ，ジャスダックといった新興市場に上場している企業が存在し，売上高も数億円規模から数兆円規模に至るまで，さまざまな規模の企業が存在します。会社の規模が違えば当然，監査に要する工数も違います。そこで，新興市場，非新興市場ごとの監査報酬の推移を示した表が**図表1-2-2**になります。

　この図表から，東証第一部や第二部といった比較的大規模な企業で構成される非新興市場の監査報酬平均値は，2014年度の66.58百万円から2018年度は73.99百万円と，4年間で11％もの増加となっていることがわかります。中央値については平均値と比べると比較的安定しており，2014年度の37.00百万円から2018年度は38.00百万円と，約3％の増加となっていることがわかります。

　他方で，東証マザーズといったベンチャー企業中心で構成される新興市場の監査報酬についてみてみます。2014年度の平均値23.18百万円に対し，2018年の平均値が24.35百万円と安定的なように見えますが，2015年に22.55百万円まで平均値が下がったことを考慮すると，その後3年で8％近くも増加していることがわかります。中央値で見ても2014年の20.00百万円から2018年の21.00百万円まで，5％の増加となっていることがわかります。

　このように，非新興市場，新興市場いずれの市場でも，年々監査報酬が増加傾向にあることがわかります。

(3) 監査法人等規模別分析

　次に，監査法人等の規模別の報酬分析を示したのが8頁の**図表1-2-3**です。

　この図表から，大規模監査法人，準大手監査法人，その他の監査法人いずれの規模の監査法人においても，やはり監査報酬が増加傾向にあることがわかります。

　つまり結論としては，**企業の規模や監査法人の規模に関係なく，ここ数年間はいずれの観点から見ても，やはり監査報酬が上がり続けている**のです。

図表1-2-2　上場市場別監査報酬分析

〈新興市場の監査報酬推移〉

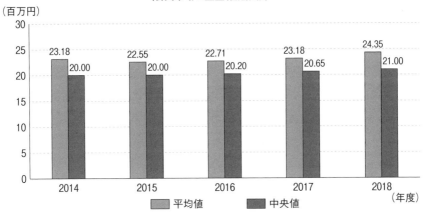

〈非新興市場の監査報酬推移〉

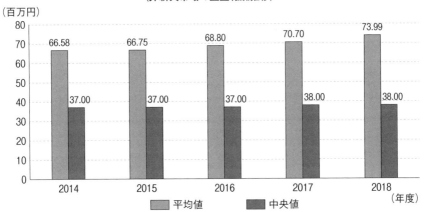

出所：2017年〜2020年の監査報酬実態調査　図表7より筆者加工

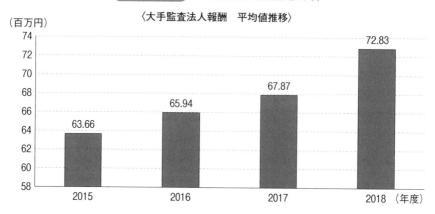

図表 1 - 2 - 3　規模別監査報酬推移分析

〈大手監査法人報酬　平均値推移〉

〈準大手監査法人報酬　平均値推移〉

〈その他監査法人報酬　平均値推移〉

出所：2017年〜2020年の監査報酬実態調査より筆者加工

第 3 節　監査法人を交代することで監査コストは下がるか？

(1)　スイッチングコスト

　企業が監査法人等の監査報酬を最適化する手段としては，複数の監査法人に対して相見積りを依頼し，場合によっては監査法人を交代する方法が考えられるでしょう。

　日本経済新聞記事（2019年 6 月 4 日付）によると，2019年 1 月～ 5 月に監査法人等を交代した企業は前年比 3 割増の115社で，そのうち 2 割が「監査報酬を理由とした交代」であったそうです。

　また，公認会計士・監査審査会によると，大手監査法人に対する検査および報告徴収で把握した，会計監査人の交代理由（前任監査人として回答した理由）としても，やはり「監査報酬」が最も多いようです。

図表 1 - 3 - 1　会計監査人の交代理由

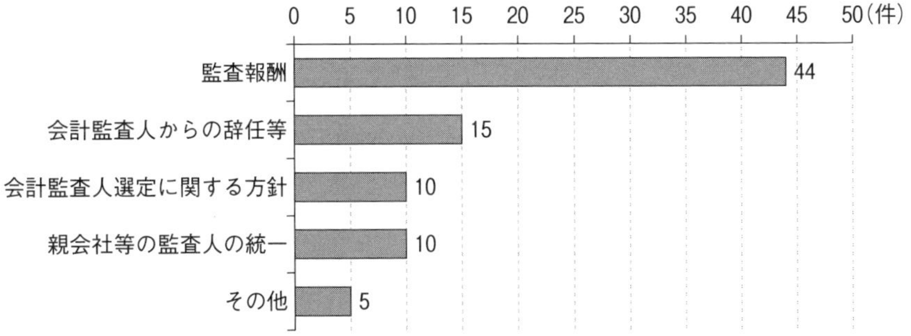

（注 1 ）　平成30事務年度審査会検査及び報告徴収において理由を把握した81件が対象
（注 2 ）　複数の理由がある場合，重複して集計（合計84件）
出所：公認会計士・監査審査会「令和元年版モニタリングレポート」

　それでは，企業は監査法人を交代することで，実際にどれだけ報酬（監査コスト）が下がっているのでしょうか？

　図表 1 - 3 - 2 は，金融庁公表の「監査法人のローテーション制度に関する調査報告（第二次報告）」より抜粋した表です。これによると，以下のことがわかります。

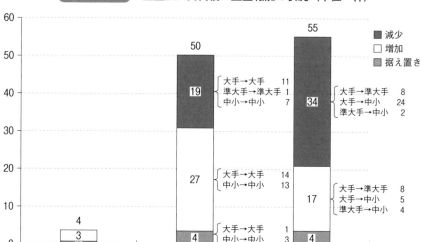

図表 1 - 3 - 2　監査法人交代後の監査報酬の状況（単位：件）

（出所）　公認会計士・監査審査会
（注1）　2019年 6 月期に係る会計監査人の異動のうち，異動前後の監査報酬が公表されているものを集計。
（注2）　件数の内訳はグラフに記載。
（注3）　図表中の中小とは，中小規模監査事務所を指す。
出所：金融庁「監査法人のローテーション制度に関する調査報告（第二次報告）」

- より規模の大きい監査事務所への交代の場合には，100％監査報酬は据え置きまたは増加している（ 4 件中 4 件）。
- 同規模の監査事務所への交代の場合には， 5 割超のケース（50件中27件）で監査報酬が増加している。
- より規模の小さい監査事務所への交代の場合には， 6 割超のケース（55件中34件）で監査報酬が減少している。

　つまり，同規模監査法人間の交代前後では 6 割超のケースで監査報酬が据え置きもしくは増加しており，より規模の小さい監査法人への交代の場合は監査報酬が減少傾向にありますが，その場合でも，約 4 割のケースで監査報酬が据え置き，もしくは増加となっていることがわかります。

　図表 1 - 3 - 3 は，2020年の監査報酬実態調査より抜粋した，2018年度において監査法人の規模別に交代した企業の監査報酬の増減を示した表です。これに

図表1-3-3　規模別監査法人交代前後報酬分析

		交代後			項目
		大手	準大手	その他	
交代前	大手	26	19	30	企業数（社）
		1,729.81	549.10	629.00	合計（百万円）
		66.53	28.90	20.97	平均（百万円）
		259.00	90.50	56.00	最大（百万円）
		49.65	22.00	17.10	中央値（百万円）
		13.50	12.00	9.60	最小（百万円）
		58.20	18.17	10.79	標準偏差
		8.00	6.38	−21.16	増減率　平均（%）
		9.12	2.33	−18.57	増減率　中央値（%）
	準大手	1	—	5	企業数（社）
		92.20	—	118.89	合計（百万円）
		92.20	—	23.78	平均（百万円）
		92.20	—	27.00	最大（百万円）
		92.20	—	24.00	中央値（百万円）
		92.20	—	19.44	最小（百万円）
		—	—	2.86	標準偏差
		100.43	—	11.64	増減率　平均（%）
		100.43	—	12.15	増減率　中央値（%）
	その他	1	3	21	企業数（社）
		221.00	214.00	455.04	合計（百万円）
		221.00	71.33	21.67	平均（百万円）
		221.00	162.00	76.34	最大（百万円）
		221.00	36.00	16.00	中央値（百万円）
		221.00	16.00	8.40	最小（百万円）
		—	79.15	14.78	標準偏差
		−11.60	8.08	14.86	増減率　平均（%）
		−11.60	26.32	−3.03	増減率　中央値（%）

出所：2020年の監査報酬実態調査　図表11-2より筆者加工

よると，最も交代件数が多いのが，大手監査法人からの交代です。大手監査法人からその他監査法人への交代については報酬（中央値）が18.57％減少しているものの，大手間の交代や，準大手への交代は，それぞれ9.12％，2.33％の増加となり，同規模監査法人間の交代や，規模の小さい監査法人へ交代したとしても，むしろ監査報酬は増加傾向にあることがわかります。また，準大手からその他の監査法人への交代でも同様に増加していることがわかります。なお，その他間での交代については3.03％の減少です。

　このように，件数でみると一定数の企業では監査法人交代により監査報酬の削減に成功していることがわかりますが，全体的に監査報酬の中央値で見ると，

同規模間はおろか，より規模の小さい監査法人への交代でも，監査報酬は増加傾向であることがわかります。

　これは，監査法人間の引継業務が生じるため，交代年度についてはむしろ監査報酬が増えているものと予想されます。監査法人交代に伴う本当の報酬削減効果は交代年度以降も継続的にモニタリングしない限り見えてこない部分がありますが，少なくとも監査法人交代には相当程度のスイッチングコストが必要であることがわかります。

　なお，蛇足ではありますが，新たな監査法人に対して，自社の事業や会計上の論点について，一から説明するのは監査報酬のみならず，企業側の労力，ひいては人件費コストも相当程度かかることが予想され，これらも企業にとってのスイッチングコストとなります。

⑵　安さを求め監査法人を安易に交代することの企業側のリスク

　また，仮に一度は監査法人交代により報酬削減に成功したとしても，監査は毎期継続的に実施される業務であるのに対し，監査法人はたった10法人程度の大手および準大手の事務所で，上場企業のほとんどをカバーしている寡占業界です（大手・準大手監査法人のシェアは約9割）。毎年のように相見積りをとり，都度，一番安い事務所を選択し続けることは現実的ではないでしょう。もし毎年のように監査法人を変えるような企業があったとしたら，投資家をはじめとする市場関係者は，「この企業は，実はとてもヤバい会計上の問題を抱えていて，自身の都合のよい意見を出してくれる監査法人を都度選んでいるのではないか？」といううがった見方をされかねません。いわゆるオピニオンショッピングを疑われてしまうわけです。

　それに先述のとおり，どの規模の監査法人を見ても監査報酬は増加傾向にあるわけですから，長期的な観点で考えると，どの監査法人に代えたとしても監査報酬増加のトレンドから逃れることはできないと考えておいたほうが賢明です。

　さらに最近は，監査業界も人手不足が叫ばれており，監査法人をコロコロ変えている企業は，そもそも「監査リスクが高い，筋の悪い企業」とみなされ，どの監査法人側からも契約を拒否されてしまうといういわゆる「監査難民化」してしまうリスクがあります。監査を受けられなければIPOや上場維持はで

きなくなります。

　以上より，**監査法人の交代は，必ずしも監査報酬削減の抜本的な解決策とは限らない点**，留意が必要と考えます。

(3) 監査法人交代の実務

① 監査法人交代のプロセス

　先述のとおり，監査法人の交代は必ずしも監査報酬削減の抜本的な解決策とは限らないとお伝えしました。ただし，長期契約に伴う馴れ合いの防止など監査報酬以外の要因も含め，総合的な観点で監査法人交代を検討する企業もあるかと思いますので，ここではご参考までに，監査法人交代に係る実務をご紹介しておきます。

　実際に監査法人を変えるとなると，決算スケジュールへの影響や，株主総会での承認手続，監査法人間の引継ぎなど，さまざまな点に配慮が必要です。そのため，事前に十分なスケジューリングをしたうえで進めていく必要があります。

　具体的には，監査法人の選任に関して株主総会の承認を受ける1年ほど前から検討することをお勧めします。金融庁公表の「監査法人のローテーション制度に関する調査報告（第二次報告）」によると，2016年～2018年の3年間で実際に監査法人を交代した企業のうち9社に対する調査の結果，監査報酬の吊り上げにより急遽監査法人の交代を余儀なくされた企業も中にはあるものの，下記**図表1-3-4**のように，ほとんどの企業が**約1年間**かけて監査法人の交代を行っていることがわかっています。主なプロセスは以下のとおりです。

図表1-3-4　監査法人交代のプロセス

※3月決算，監査役会設置会社の場合

X-1年	6月	監査法人交代の検討を開始。
	7～8月	監査役会において選定基準や評価項目を議論。複数の監査法人に対してプロポーザルを依頼。
	10～11月	各監査法人からの提案内容を比較検討。
	12月	監査役会において選任する監査法人を暫定決定。
X年	1～2月	監査法人側での受嘱審査。
	3月	監査役会において会計監査人選任議案を決定。
	6月	株主総会において会計監査人として選任。

②　監査法人交代時の選定基準・評価項目

　監査法人を選定する際には，各監査法人にプロポーザル（提案書）の提出依頼を行うことになると思われますが，いくつもの法人からのプロポーザルに目を通したうえで，どの監査法人が自社に最も適しているかを検討する必要が出てきます。そこで，監査法人の選定基準と評価項目をあらかじめ準備し，自社はどの評価項目を重視しているのか，を社内で共有しておくことが大事です。

　選定基準の例としては，例えば**図表1－3－5**のようなものが考えられます。

図表1－3－5　監査法人選定基準例

選定基準	確認・留意事項
1．監査法人の概要	
①　監査法人の概要はどのようなものか	・名称，所在地，品質管理責任者，沿革，監査実績 ・会社が属する業界での監査実績 ・海外ネットワーク・ファームの有無，海外監査実績 ・上場企業監査数 ・IFRSやIPO等監査実績の有無 ・監査法人／職員の公認会計士法に基づく処分の有無（該当ある場合，対応内容）
②　監査法人の品質管理体制はどのようなものか	・独立性，その他法令・規程の遵守状況 ・監査業務等の受任・継続に係る方針 ・不正リスクを含めた，法人内の品質管理体制，手続方針 ・前任監査人からの引継方針 ・日本公認会計士協会や公認会計士・監査審査会による検査結果（改善勧告や指摘事項ある場合の改善状況，改善方針） ・職員への教育・訓練体制
③　会社法上の欠格事由に該当しないか	・下記欠格事由の該当有無（誓約書の入手） ※会社法第337条第3項 1．公認会計士法の規定により，計算書類について監査をすることができない者 2．子会社若しくはその取締役，会計参与，監査役若しくは執行役から公認会計士若しくは監査法人の業務以外の業務により継続的な報酬を受けている者又は配偶者 3．監査法人でその社員の半数以上が前号に掲げる者であるもの
④　監査法人の独立性に問題ないか	・非監査業務の受嘱に関する方針および手続 ・被監査業務をすでに受嘱している場合，報酬や内容が独立性を阻害しないか ・監査法人（ネットワーク・ファーム）のグループ会社 ・監査担当予定者と会社側の長期または密接な関係の有無 ・監査法人職員への職業的専門家としての独立性・倫理に関する教育・訓練の状況

2．監査の実施体制等	
①　監査計画は会社の事業内容に対応するリスクを勘案した内容か	・会社の事業内容・規模を踏まえたリスク（不正リスクを含む）に基づき，合理性のある監査計画の基本方針，重点事項，日数，往査予定事業所が策定されているか ・監査役等および内部監査部門との連携方針 ・次年度以降にかかる監査計画の策定方針（監査報酬の大幅値上げの可能性の有無）
②　監査チームの編成は会社の規模や事業内容を勘案した内容か	・監査チームの編成は会社の事業内容や規模に応じて適切か（新人の関与割合など） ・監査チームへの問い合わせに係る対応体制
3．監査報酬見積額	
①　監査報酬見積額は適切か	・監査報酬の算定根拠は合理的か ・監査日程等に当初見積りから大幅な変更が必要となった場合の対応方針

出所：日本監査役協会「会計監査人の評価及び選定基準策定に関する監査役等の実務指針」を参考に筆者にて加筆修正

　なお，評価項目の中でどれを重視するかは当然企業によって異なりますが，特に“監査報酬”については，監査法人交代の理由が，事業再編，事業のグローバル化，IFRSへの対応などに伴いグループ全体の監査法人を統一するためだったり，グローバルネットワークを有する監査法人に変更するためのケースでは，監査報酬よりも監査法人の品質管理体制などが重視される傾向があり，逆に，監査報酬の吊り上げを不満として交代したケースでは，やはり監査報酬を重視する傾向にあるようです。

③　監査法人間の引継ぎ

　監査法人間の引継ぎについては，一定期間（事業規模等に応じ，数日～数週間程度）をかけて行われるケースが多いようです。ただ特に，事業規模の大きな企業においては，監査法人間の引継ぎを円滑に行うため，正式に選任する前の年度の期末監査について，選任予定の監査法人が，現任監査人と同時並行で予備的に監査業務を行う，いわゆる**“シャドーイング”**が行われるケースや，引継期の1年間は前任監査人と後任監査人による**“共同監査”**が行われるケースもあるようです。

図表1-3-6 シャドーイング・共同監査のイメージ

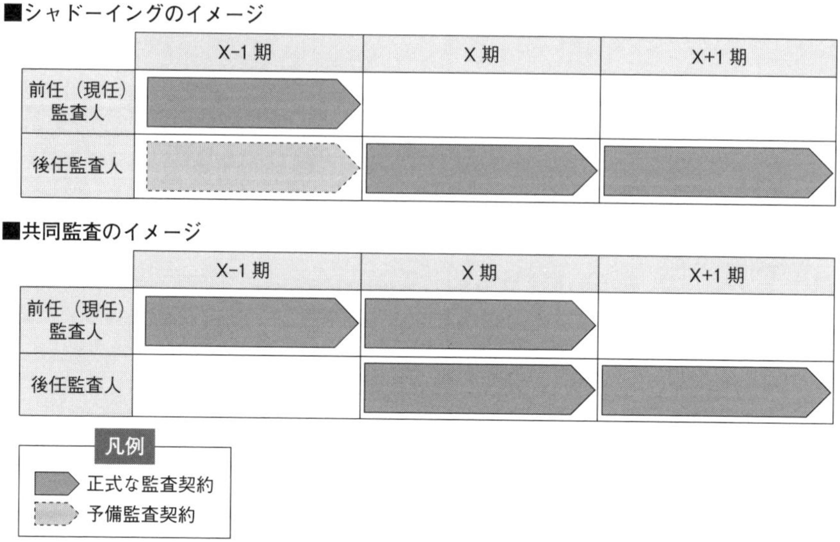

■シャドーイングのイメージ

	X-1 期	X 期	X+1 期
前任（現任）監査人	▶		
後任監査人	▷	▶	▶

■共同監査のイメージ

	X-1 期	X 期	X+1 期
前任（現任）監査人	▶	▶	
後任監査人		▶	▶

凡例

▶ 正式な監査契約
▷ 予備監査契約

第4節　今後想定される監査コストの増加要因

(1)　KAM 導入により監査コストはさらに増加へ

2021年3月31日以後終了する事業年度に係る監査から，KAM 制度が本格的に適用開始となります。

KAM（Key Audit Matters＝「監査上の主要な検討事項」）とは，当年度の財務諸表の監査において，監査人が職業的専門家として特に重要であると判断した事項をいいます。KAM が導入されると，監査法人等が監査の過程で検討した主要な検討事項とこれに対する監査上の対応を監査報告書において記載し，開示することとなります。

KAM として記載される事項は，監査法人等が，監査役等とコミュニケーションを行った事項の中から，監査を実施するうえで監査法人等が特に注意を払った事項を決定します（監査基準委員会報告書701「独立監査人の監査報告書における監査上の主要な検討事項の報告」（以下「監基報701」）第8項）。

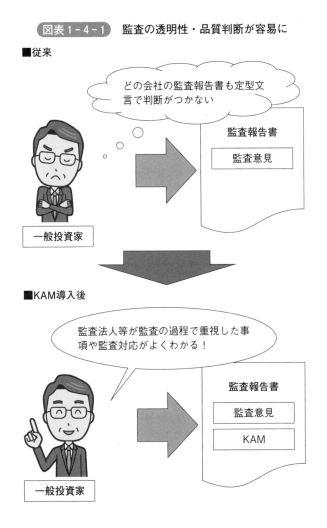

図表1-4-1　監査の透明性・品質判断が容易に

■従来

どの会社の監査報告書も定型文言で判断がつかない

監査報告書

監査意見

一般投資家

■KAM導入後

監査法人等が監査の過程で重視した事項や監査対応がよくわかる！

監査報告書

監査意見

KAM

一般投資家

その際，以下の項目を考慮して決定されます。

① 　監査基準委員会報告書315「企業及び企業環境の理解を通じた重要な虚偽表示リスクの識別と評価」（以下「監基報315」）に基づき決定された特別な検討を必要とするリスク，または重要な虚偽表示リスクが高いと評価された領域

② 　見積りの不確実性が高いと識別された会計上の見積りを含む，経営者の重要な判断を伴う財務諸表の領域に関連する監査法人等の重要な判断

③ 当年度に発生した重要な事象または取引が監査に与える影響

さらに監査法人等は，上記で決定した事項の中から，当年度の財務諸表の監査において，職業的専門家として特に重要であると判断した事項を KAM として決定します。

図表1-4-2　KAM の決定プロセス

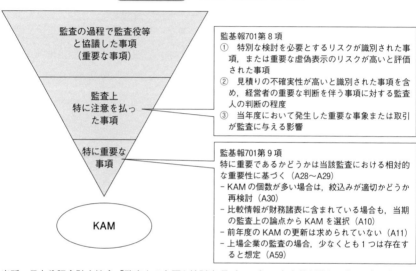

出所：日本公認会計士協会「監査上の主要な検討事項（KAM）の有意義な導入に向けて」を参考に筆者加工

KAM 導入によって監査プロセス自体に大きな変更が生じたり，監査意見の形成方法に変化が起こる可能性は低いと考えられます。

しかしながら，これまで開示されてこなかった，監査法人が監査の過程で特に重要と判断した事項を，ふだん企業の内情に精通していない外部の一般投資家にも理解可能なレベルで開示していくことになるため，その開示事項や説明表現の決定過程には，監査法人，経営者，監査役，それぞれに相当の精神的プレッシャー，労力が上乗せされることが必至です。

具体的には，どの事項が KAM に該当するのかであったり，企業がまだ開示していない情報が KAM に該当する場合には，企業に当該情報の開示を促したり，その説明表現のすり合わせなど，監査法人等，経営者，監査役間のコミュ

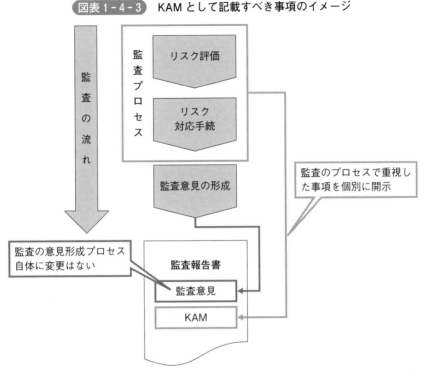

図表 1-4-3　KAM として記載すべき事項のイメージ

出所：日本公認会計士協会「監査上の主要な検討事項（KAM）の有意義な導入に向けて」を参考
　　　に筆者加工

ニケーションはこれまで以上に必要になり，密になるものと予想されます。

　むろん，監査法人等と経営者，監査役とのコミュニケーションが促進されること自体は，大変素晴らしいことですが，それだけ関係者の労力，工数が上乗せされることは必至ですので，企業における監査対応コストの増加要因にはなるでしょう。

　図表 1-4-4 は，日本公認会計士協会主導で，2017年 8 月下旬～10月 2 日の約 1 か月間，さまざまな規模・業種の企業から26社をサンプルにして KAM の試行を行った際の監査法人，企業側の工数増加集計です。

　この集計結果から，監査法人等においては，パートナーやマネージャーといったジャッジメントを行う役割を有する上位クラス（すなわち，時間単価の高い人材）の工数が増加し，企業側においては経理を中心に，経営者や監査役

といったマネジメント層の工数が増加していることがわかります。

　ただし，この試行は，監査計画段階から議論が進められる本来の対応とは異なり，限られた期間で実施され，また過去年度に対する試行であったことなど，限定的な環境での取組みであったことを考えると，実際には，監査法人等，企業側，双方に当該図表の集計時間の結果を超える相当程度の労力，工数が生じるものと予想されます。

図表 1 - 4 - 4　KAM 試行時の監査法人，企業側の工数増加

◆会社側が要した時間の概数　　　（単位：H）

	平均値	中央値
経営者（CFO）	5.41	3.00
主計・経理部	14.73	7.50
監査役等	6.64	3.00
監査役スタッフ	5.55	4.00
合計	32.33	18.00

◆監査人が要した時間の概数　　　（単位：H）

	平均値	中央値
パートナー	36.10	26.75
マネジャー	36.37	29.75
シニア等	3.40	0
合計	75.87	59.00

付されたコメント

・試行の期間が限られたこと（約1か月）から，過去に経営者及び監査役等と重点的にコミュニケーションを行った事項の中から，明らかに重要な事項のみを選定したため，監査チーム内及び会社との間でほとんど意見の対立は生じなかった。
・終了した事業年度の監査を対象としているため，財務諸表の開示については検討する必要がないこともあり，監査チーム及び会社とも，KAM の文言については踏み込んだ検討を行っていない。
・KAM が導入された場合に要する時間については，今回の試行に要した時間は参考にならないと思われる。

出所：日本公認会計士協会「監査報告書の透明化 KAM 試行の取りまとめ」

(2)　収益認識基準に伴う影響

　2021年4月1日以後開始する連結会計年度および事業年度の期首から「収益認識に関する会計基準」（以下「収益認識基準」）が適用されます。

　収益認識基準が適用されると，企業は5つのステップに基づき収益認識を行うことになります。

　ステップ1：契約の識別——まず顧客との契約，すなわち「法的な強制力のある権利及び義務を生じさせる複数の当事者間における取決め」（収益認

識基準5項）を識別します。

ステップ2：履行義務の識別——次にステップ1で識別した顧客との契約に含まれる，履行義務を識別します。例えば，商品の販売と，数年間に及ぶ保守サービスが1つの契約で取り交わされている場合など，契約に複数の財またはサービスが含まれる場合には，個別に会計処理すべき財またはサービスを1つの履行義務として個々に識別する必要があります。履行義務の識別をどのようにするかは，次のステップ以降で決定する，収益認識タイミングやそのときの価格に影響するため，特に重要と考えられます。

ステップ3：取引価格の算定——このステップでは，収益として認識される金額の基礎となる，契約全体の取引価格を決定します。取引価格とは，約束した財またはサービスの顧客への移転と交換に企業が権利を得ると見込む対価の金額で，消費税のように第三者のために回収する金額は除かれます（収益認識基準8項）。また取引価格の算定上，将来の契約の取消し，更新または変更はないものと仮定します。

ステップ4：各履行義務への取引価格の配分——このステップでは，ステップ3で算定した取引価格を，ステップ2で識別した各履行義務に独立販売価格の比率に基づいて配分します（収益認識基準17項(4)，63項，65項）。独立販売価格とは，財またはサービスを独立して企業が顧客に販売する場合の価格を意味します（収益認識基準9項）。例えば，契約全体で決まっている商品と保守サービスの価格を，それぞれ商品と保守サービスを，それぞれを個別に購入したときの価格に応じて，価格配分するイメージです。

ステップ5：履行義務充足による収益認識——このステップでは，ステップ2で識別した履行義務ごとに，それが充足されたタイミングで，ステップ4で配分された価格に基づいて収益を認識します。例えば，商品代金は納品，顧客検収を終えたタイミングで収益認識し，保守サービスは保守契約期間に応じて，時間の経過とともに少しずつ収益認識していきます。

売上高は，企業の年度ごとの業績を構成する各要素の中で最も大きな比重を占めますし，外部の利害関係者が企業の事業規模を図るために最初に確認する代表的な指標です。収益認識基準は，その売上高に大きなインパクトを与えうるため，企業自身はもちろん，監査法人にとっても，収益の識別単位と認識タ

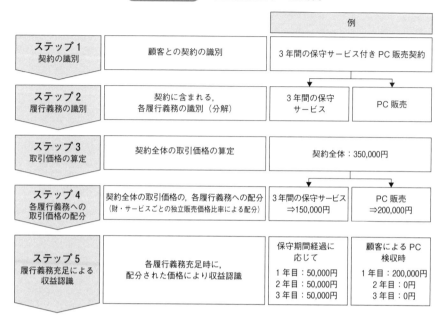

図表 1 - 4 - 5 収益認識基準の適用例

		例
ステップ1 契約の識別	顧客との契約の識別	3年間の保守サービス付きPC販売契約
ステップ2 履行義務の識別	契約に含まれる,各履行義務の識別（分解）	3年間の保守サービス ／ PC販売
ステップ3 取引価格の算定	契約全体の取引価格の算定	契約全体：350,000円
ステップ4 各履行義務への取引価格の配分	契約全体の取引価格の,各履行義務への配分（財・サービスごとの独立販売価格比率による配分）	3年間の保守サービス⇒150,000円 ／ PC販売⇒200,000円
ステップ5 履行義務充足による収益認識	各履行義務充足時に,配分された価格により収益認識	保守期間経過に応じて 1年目：50,000円 2年目：50,000円 3年目：50,000円 ／ 顧客によるPC検収時 1年目：200,000円 2年目：0円 3年目：0円

イミング，その金額のルールを慎重に判断，検討の時間が必要となるはずです。また，変動対価と呼ばれる将来生じうる収益額について，新たに見積計算が必要になるケースもあります。さらに，場合によっては履行義務の充足に伴い収益をタイムリーかつ適切に計算し計上するために，これまで不要であった商品輸送ステータス，検収タイミング管理のためのシステム投資や，業務のあり方自体にも大きな変化が必要となる可能性があります。

結果，今後の内部統制・決算・監査対応コストの増加要因となりうるわけです。

(3) リスク・アプローチの強化に伴う影響

昨今の会計上の見積りの複雑化，これに伴う経営者（企業）の偏向や不正リスクの高まりに伴う監査リスクの増加に対応すべく，2020年11月11日に企業会計審議会から「監査基準の改訂について」が公表されました。

これによると，リスク・プローチのさらなる強化の観点から，**固有リスク，**

特に会計上の見積りに係る監査人の対応が明示されることになりました。

- リスクに対応する監査手続として，原則として，経営者が採用した**見積りの方法の評価**ならびにそれに用いられた**仮定およびデータを評価**する手続が必要である点
- 経営者が行った見積りと監査人の行った**見積りや実績とを比較する手続**の重要性

　当該改訂は，監査法人に新たな手続の実施を要求しているわけではありません。しかしながら，見積前提の妥当性に関する監査手続が基準で明示されることによって，これまで以上に見積科目に対する監査手続が厳格化されることが予想されます。その結果，監査工数の増加，ひいては監査報酬の増加につながる可能性があります。

　実施時期は，原則として2023年3月決算に係る財務諸表の監査からとされています。

　なお，監査基準の当該改訂に伴う，企業側の対応負荷への影響については，第2章で解説します。

第2章

そもそも監査報酬はどのように 決まるのか？ ～監査報酬計算のメカニズム～

　本章では，監査法人の監査の概要と，監査報酬の計算メカニズムについて理解を深めることで，第3章以降で解説する監査対応コストの最適化の実践に役立てます。

この章のポイント

- 監査報酬は基本的に「チャージレート」×「監査工数」で決まる
- 特に「監査工数」はリスク・アプローチで決まる
- 企業がコントロールできるのは，「統制リスク」のみ
- つまり「内部統制の強化」こそが，監査報酬を下げるための最大の武器となる

第1節　監査報酬はどのように決まるか？

(1)　監査報酬の決定因子

　当たり前ですが監査報酬は，基本的には監査契約の締結により決まります。契約ですから，締結までに交渉することになりますが，その叩き台として監査法人等から見積金額が提示されるかと思います。

　かつては監査報酬の算定方法についての規程が存在したようですが，現在は基準や明確なルールが存在するわけではなく，日本公認会計士協会から「監査報酬算定のためのガイドライン」（以下「監査報酬算定ガイドライン」）が公表されているのみで，基本的には監査法人ごとに自由に報酬算定が可能です。

　ただし，監査法人の多くが同ガイドラインを参考に報酬算定をしていると思われますので，まずは同ガイドラインについてみていくことにします。

　同ガイドラインよると，監査報酬の算定方法は，下記の2つの方式が例示されています。

① **「タイムチャージ方式」**：主にスタッフクラス別に設定された「チャージレート」に「監査工数」を乗じて監査報酬を算定する方法です。

② **「基本報酬＋執務報酬方式」**：固定報酬である基本報酬と，変動報酬である執務報酬に区分して監査報酬を算定する方法です。

図表2-1-1　監査報酬の算定方式

No.	方式	監査報酬見積金額の算定方法
①	タイムチャージ方式	公認会計士，会計士補その他監査従事者の執務時間に，当該公認会計士等の請求報酬単価（以下「チャージレート」）を乗ずることにより算定する。
②	基本報酬＋執務報酬方式	監査報酬を基本報酬（固定金額）と執務報酬（変動金額）とに区分して算定する。 基本報酬は，監査の種類（金融商品取引法監査，会社法監査等）や被監査会社の規模（資本金，資産，売上高等）により決定する。執務報酬は，執務時間にチャージレートを乗ずることにより算定する。

出所：監査報酬算定ガイドライン

固定部分の有無はありますが，①，②いずれの方式も，基本的には**「チャージレート」×「監査工数」**を基礎として監査報酬が見積もられていることがわかります。

また，金融庁公認会計士・監査審査会が公表した「平成30年版モニタリングレポート」によると，大手の監査法人のすべてで，またそれ以外の監査法人の多くでも，①タイムチャージ方式が採用されているようです。

このようなことから，監査法人による監査報酬の決定因子は，基本的には，「チャージレート」と「監査工数」であるといって問題ないでしょう。

(2)　監査報酬削減は「北風よりも太陽」戦法で

監査報酬の決定因子が「チャージレート」と「監査工数」であるため，企業にとってのコストとなる監査報酬を削減するには，以下の2つのアプローチが考えられます。

① **「チャージレート」の削減**

② **「監査工数」の削減**

それでは企業は，①「チャージレート」と②「監査工数」のいずれの削減を図るべきでしょうか？

この問いについての筆者の考えを結論からいえば，監査報酬の削減は「チャージレート」よりも**「監査工数」の削減**で図るほうが現実的かつ効果的と考えます。

なぜなら，「チャージレート」は基本的にはスタッフに対する人件費や，教育研修費，システム開発コスト[※]，グローバルネットワークファームへのロイヤルティ，その他家賃などの事務所運営維持費を回収し，法人を維持発展させることで，さらなるサービス品質向上につなげるための必要利益を確保するための原資として設定されているはずです。

　　※　最近では大手監査法人を中心に年間何十億円もの開発コストを投じて，AIを用いた監査技術の開発が進んでいるようです。こういったAI開発コストも，現在はスタッフのチャージレートの算定基礎に含まれているはずですが，将来的には，人の関与が減る代わりにAIが監査手続の一部分を担う

時代がやってくるかもしれません。AI利用監査が主流の時代には，上述の
タイムチャージ方式（チャージレート×監査工数）とは別の監査報酬の決定
因子が登場するかもしれません。

　そのため，チャージレートの値下げ要求は，監査法人の利幅の減少のみなら
ず，法人の持続的な成長・維持運営を困難にする行為，ひいてはクライアント
へのサービス品質の低下を招くことを意味します。監査法人も事業会社と同様，
利益を追求し，サービス向上のための必要投資を行うことで，組織を維持・発
展していかなければいけませんから，過度な値下げ圧力は長中期的なビジネス
パートナーとしての監査法人との関係性に悪影響を与えかねないのです。

　もちろん，平均チャージレートが相場相応かどうか，他の監査法人と比較す
ることは有用と考えられます。というのも，平均チャージレートは，その監査
法人の価格設定に加え，チームにアサインされるスタッフの陣容によっても変
動しますので，他の監査法人の平均チャージレートと比較することで，その監
査法人の価格設定や監査チームの陣容が妥当かどうかを判断することができる
からです。

　他方で，「監査工数」は，一般に公正妥当と認められる監査の基準に基づき，
必要十分な監査手続を実施するために必要十分な作業工数として見積もられる
ことが基本ですが，それに加え，監査は通常，毎年反復的に行われるものです
ので，過去の監査実績などをもとに，積上げ（ボトムアップ）の方法で見積も
られます。すなわち，過去に経験した監査担当者の手待ち時間や企業固有の要
因により余計に要した作業時間などのバッファも見込んで，最終的に監査工数
が見積もられるのです。

　そのため，本来監査法人が対応不要な作業負荷を企業側が積極的に負担し，
また余計な手待ち時間を省いてあげることができれば，監査法人側の監査に要
する工数を無理なく削減することができることになります。これにより，監査
法人にとっても，無理なく監査報酬の削減が可能になるのです。

　イソップ童話の「北風と太陽」になぞらえて説明すると，監査報酬削減の交
渉は，担当役員の剛腕による値下げ圧力のような「北風戦法」よりも，企業側
が積極的に監査法人の作業負荷を下げてあげる，ないし作業効率を上げてあげ

る「太陽戦法」のほうがよほど効果的と考えるわけです。

　なお，前提として**監査工数は，「財務諸表監査」に係る工数と，「内部統制監査（J-SOX監査）」に係る工数，の2つによって構成**されています。実際には一体監査ですので，この2つを完全に切り離して計画，見積もることは難しいと思いますが，それでも監査対象範囲の決定方法が制度上異なります。よって本書では，第Ⅱ部で「財務諸表監査とその対応」，第Ⅲ部で「内部統制監査とその対応」の最適化について，それぞれ分けて解説していきます。

　財務諸表監査，内部統制監査の具体的な工数削減のアイデアについては第Ⅱ部，第Ⅲ部で詳述したいと思いますが，監査の効率化に影響を及ぼす要因として，例えば下記のようなものが挙げられます。

---

① **事前準備（企業担当者とのスケジュール共有や事前の資料依頼）**
- 決算データの連携時期が明確に共有されておらず，監査担当者の手待ち時間が増える。
- 事前に依頼していた監査必要資料が監査開始時に整っておらず，監査担当者の手待ち時間が増える。

② **企業における，決算ほか関連証憑資料の管理状況**
- 企業内部の決算資料が秩序整然と体系立てて整理されていないため，監査人が必要な情報を入手できるまでに必要以上に時間を要する。

③ **企業による内部統制評価・内部監査の信頼度**
- 経営者による内部統制評価の品質・信頼性が十分でないため，監査人が経営者の評価結果を利用できず，監査作業を省力化できない。
- 内部統制文書に未完了な部分が多いため，監査人が適時に評価完了できない（ないし経営者評価を利用できない）。

④ **全社的な内部統制をはじめとする，企業内の内部統制の有効性**
- 全社的な内部統制が有効でないため，評価範囲を拡大する必要がある。

企業の内部統制の整備，ないし識別された内部統制の不備の改善が遅れたため，監査人が予定どおり内部統制に係る監査手続を開始できず，手待ち時間が発生する。
- 識別された内部統制上の不備が多いため，是正後の再テストに要する作業量が多くなる。

第2節　会計士監査はどのように行われているか？

「相手を知り，己を知れば百戦危うからず」というのは孫子の兵法に登場する有名なフレーズですが，監査工数を削減するための第一歩として，まずは監査法人による公認会計士監査がそもそも何のために，どのように実施されているのか，理解していくことは非常に重要です。ここではその概要を解説しておきたいと思います。

(1)　公認会計士監査の目的と，重要性の観点

公認会計士監査はそもそも何のために制度上求められているのでしょうか？

それは企業が，出資を受けた資金の使用状況や損益などの事業活動を，出資者である自社の株主へ定期報告したり，潜在投資家や銀行，取引先などのステークホルダーに対して，自社の魅力・信用力を伝えるために提出される決算数値の信頼性を担保するためです。現在の上場企業開示制度では，各企業の決算報告は各企業自身が作成することとなっていますので，独立第三者の会計専門家である公認会計士の監査意見という"お墨付き"をもらうことで，各ステークホルダーが安心して企業への投資意思決定ができるようになるのです。

このように，公認会計士監査は，投資家等が適切に投資意思決定できる環境を担保するために行われるものです。

ただし，投資家の意思決定は，もし対象企業の利益が100億円だったとして，その計算過程で数万円の誤りがあったとしても，おそらく意思決定の内容に差はないでしょう。そのため，監査の対象となる企業の決算数値の信頼性につい

ては，1円，ないし数万円単位での正確性が求められているわけではなく，「投資家の適切な意思決定が損なわれない範囲」で担保されれば十分なのです。

　つまり，**公認会計士の監査は"重要性"の観点で行われる**のです。

　なお，各監査法人は，監査対象企業ごと，かつ年度ごとに，「監査の重要性の基準値」を設定し，この基準値を超える誤りを見つけることが可能な範囲で，必要十分な監査計画を立案しています。具体的な重要性の基準値やその計算式について，企業が監査法人から教えてもらうことはなかなか難しいと思われますが，例えば利益が安定している企業においては，税引前当期純利益×0.X％，などといった形で手続実施上の基準値が設定されることになります。監査担当者は，当該値を上回る残高差異や変動項目について，監査の手続を行うのです。また，監査法人は同時に，監査手続により発見された虚偽表示を集積した結果を踏まえて監査意見を形成する際に，監査意見に影響を与える重要性の基準値も設定します。通常は手続実施のための基準値よりも大きな値として設定され，例えば上記の企業の場合，税引前当期純利益×Y％，といった具合に設定されます。

(2)　監査の手法（リスク・アプローチとは）

　このように監査法人による監査では，1円単位の正確性を求められるわけではなく，投資家の判断を誤らせない程度の"適正性"が担保されていればよいのですが，現実的に考えても，限られた期間^(※)と人員で，上場企業の1年間の取引すべてについて細かくチェックしていくこと（これを「精査」といいます）は不可能です。

　　　※　現在，監査法人の監査対象である有価証券報告書は，決算期末日後3か月
　　　　　以内（レビュー対象となる四半期報告書は四半期終了後45日以内）に提出・
　　　　　開示が求められているため，3月決算会社の場合は6月末までに有価証券報
　　　　　告書の監査を終える必要があります。また実務上は，決算数値のチェックに
　　　　　ついては決算短信（監査法人の監査対象ではない）の開示前に実質的な監査
　　　　　を終えておく必要があります。上場企業等の大半は3月決算ですから，4月
　　　　　後半から5月の半ばごろまでは，どの監査法人も多忙を極めます。

　そこで，限られた人的・時間的資源の中で，効果的かつ効率的に，企業の決算数値の適正性を担保するに足る監査を実施するために考えられた監査技法が**「リスク・アプローチ」**です。

　リスク・アプローチとは，重要な虚偽表示が生じる可能性が高い取引項目・領域に，重点的に監査人員と時間を充ててチェックすることによって，監査を効果的かつ効率的に行う考え方です。ここで「重要な虚偽表示」とは，"投資家の意思決定を損なわせるほどの虚偽表示"を意味し，軽微な虚偽表示は含みません。

　監査人はリスク・アプローチのもとでは，重要な虚偽表示リスクが低い項目については，分析的手続といった異常性を発見するための監査手続を用いて"浅く広く"チェックを行う一方，重要な虚偽表示リスクが高いと判断した項目については，分析に加えて証憑書類（領収書，納品書など）の確認といった監査手続を用いて，"深く狭く"重点的にチェックを行うことになります。

　このような，リスクの多寡によって緩急をつけながら一部の取引項目・領域を重点的に監査しつつ，全体的な決算数値の信頼性を確認していく方法を，「試査」と呼びます。

　逆にいうと，監査人は自身の監査工数に影響を及ぼす，監査，特に財務諸表監査としての期末決算数値チェックの範囲や実施手続の方法，時期を決めるにあたっては，常にリスク・アプローチの考えが軸にあるのです。

　重要な虚偽表示リスクとリスク・アプローチについては，第4節で詳細に解説します。

(3)　具体的な監査手続の例

　ここでは簡単に，監査法人が用いる監査手続について具体的な例をご紹介しておきます。

　なお，監査手続とは，監査人が監査意見を形成するために十分な根拠を得るために必要となる「監査証拠」を入手するために実施する手続をいい，実施する目的により，リスク評価手続とリスク対応手続（運用評価手続または実証手続）に分けられます。

　監査手続の具体的な手法は，監査基準委員会報告書500 「監査証拠」にて下

記の手法が例示されており，これらを単独もしくは組み合わせて実施すること
になります。

①　分析的手続

　分析的手続は，監査人が財務データ相互間または財務データ以外のデータと
財務データとの間に存在すると推定される関係を分析・検討することによって，
財務情報を評価する監査手続です。

　分析的手続は，リスク・アプローチの基本ともいえる監査手法で，上述の
"浅く広く"企業の決算数値を俯瞰的にチェックする際に用いられます。分析
的手続の結果，違和感のある項目や異常値として識別された項目については，
下記②以降の他の手続を用いて"深く狭く"詳細なチェックを行っていくこと
になります。

　例えば前年数値との変動分析や，売掛債権や棚卸資産の回転分析，1人当た
り売上高や人件費分析など，さまざまな科目について理論値との乖離分析を行
うことで，大きな取引の計上誤りや計上漏れ，重複計上が発見されることがあ
ります。また，個別の仕訳チェックでは気づきにくい，計上すべき減損取引の
未計上（仕訳漏れ）なども発見しやすくなります。

図表2-2-1　分析的手続の位置づけ

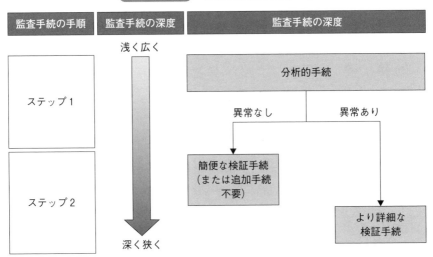

　そのため，"浅く広く"といいながらも，意外に金額の大きな誤りや不正（誤りと不正，両者を合わせて「虚偽表示」といいます）は，この分析的手続で発見されることも多く，筆者は公認会計士としての技量は分析的手続の腕，といっても過言ではないとまで考えています。

　筆者は，監査法人時代はもちろんのこと，コンサルタントとして多くの企業の決算支援や決算レビューを担当している現在においても，さまざまな分析的手続を活用しており，本当に重宝しています。本書では第3章で，分析的手続を活用した効率化のアイデアもご紹介したいと思います。

②　閲　　覧

　閲覧は，紙媒体，電子媒体またはその他の媒体による企業内外の記録や文書を確かめる監査手続です。

　例えば，質問（下記⑤参照）で得た情報の信憑性を確認するために証憑資料上の上長の承認証跡を確認したり，売上に係る納品書上の金額や日付を，計上された売上記録と整合しているか確認する際に利用されます。

③　実　　査

　実査は資産の現物を実際に確かめる監査手続です。

　帳簿に計上されている棚卸資産や固定資産が実在しているか（また重複がないか），倉庫や駐車場などで監査人が現物の数を実際に数えて確認する手続です。

④　観　　察

　観察は，企業担当者が実施するプロセスや手続を，監査人が現場に赴き目視で確かめる手続です。

　例えば，企業の従業員が実施する棚卸資産の実地棚卸状況や統制活動の実施状況を監査人が観察する手続などです。

⑤　質　　問

　質問は，監査人が財務または財務以外の分野に精通している企業内外の関係者に情報を求める監査手続です。

文字どおり，監査人が企業担当者に質問（ヒアリング）しながら，企業の事業状況や業務プロセスの理解を深める際に行われます。ただし，一般的に，質問により得られる監査の証拠力は弱いとされていますので，重要な事項については質問に加え，他の監査手続が併用されるケースが多いです。

⑥　確　認

確認は，紙媒体，電子媒体またはその他の媒体により，監査人が確認先である第三者から文書による回答を直接入手する監査手続です。

例えば，年度末時点における企業の銀行残高や債権債務残高の正確性を確認するために，外部の相手先に確認状を送る手続です。

⑦　再　計　算

再計算は，記録や文書の計算の正確性を，監査人自らが計算し直して確かめる監査手続です。

さまざまな集計表の集計結果のチェックや，貸借対照表（B/S），損益計算書（P/L）といった最終表示の妥当性を確認する際に行われます。

⑧　再　実　施

再実施は，企業が内部統制の一環として実施している手続または内部統制を監査人が自ら実施することによって確かめる手続です。

再実施という単語はあまりピンとこないかもしれませんが，例えば，システムの機能の利用制限を社内の特定のA部署のみに制限していることを監査人が確認するために，A部署の担当者のIDでアクセス（利用）できることを確認するとともに，A部署以外の担当者のIDではアクセスできないことを同時に確認する手続などです。

(4)　監査法人の1年間の業務

参考まで，ここでは3月末決算企業を念頭に，監査法人の1年間の業務スケジュールのイメージをご紹介しておきます（監査・保証実務委員会研究報告第18号「監査時間の見積りに関する研究報告」（以下「研究報告18号」）を参考に

筆者加工)。

実施時期	実施項目		
	内部統制関連	決算監査関連	共通事項
7月	内部統制評価範囲，評価体制，評価スケジュールの検討と協議		監査契約の締結
			監査日程計画の作成
8月	固有リスクの評価	第1四半期レビュー	
9月	全社的な内部統制の評価の検討		
	前期末決算・財務報告プロセスの評価結果の検討		
10月	IT全般統制の評価結果の検討	第2四半期レビュー	
11月～12月	業務プロセス統制の整備状況の評価結果の検討		
1月	IT全般統制の評価結果のフォローアップ	第3四半期レビュー	
	発見された内部統制の不備について会社と協議		
	固有リスクの評価の見直し		
2月	業務プロセス統制の運用状況の評価結果の検討		
3月	業務プロセス統制のロールフォワード手続（是正不備の再テスト含む）		決算打合せ
4月		年度監査における実証手続の実施	
5月	決算・財務報告プロセスの評価結果の検討	計算書類等の表示の検討	
	内部統制について経営者の評価結果の妥当性の検討		会社法監査における監査意見の形成
6月		有価証券報告書等の表示の検討	
			内部統制・財務諸表監査意見の形成

第3節　監査法人も簡素化・省力化したい？
～監査業界を取り巻く内情～

(1)　実は監査法人も困っている

　「監査法人の作業を（部分的にでも）企業が奪ってしまったら，監査法人から嫌な顔をされないか？　抵抗を受けないか？」という心配の声もあるかもし

れません。

　しかしながら，筆者がコンサルティングの現場で，クライアントの担当監査法人と話をする限りでは，監査法人からしても**「むしろ監査報酬を安くしてもよいから，効率的に監査を終えられるよう企業の決算体制の構築・早期化の支援をお願いしたい」**という要望の声を聞くことが多いです。

　というのも，昨今騒がれている「働き方改革」や「人手不足」の問題は公認会計士業界でも例外ではなく，どの監査法人も例外なく人手が逼迫しているからです。2008年のリーマンショック後の一時期，監査法人のリストラが騒がれた時代もありました（そのときは弊社の採用活動でも１～２名の応募枠に50名超の応募があったのを記憶しています）。しかしながら，近年ではすっかり状況は様変わりしており，どこも公認会計士人材の獲得競争となっています。

(2)　人材不足の背景

　なぜそこまで人材獲得競争が激化したかというと，景気の回復や，上場企業数の増加，監査手続の複雑化などもあると思いますが，監査法人の「働き方改革」の影響が大きいようです。例えば大手の監査法人では，深夜残業や休日出勤の抑制，禁止令が出されているようです。そのため，これまで少数の精鋭でチームを組成し，深夜残業・休日出勤ベースでこなしていた監査業務でも，深夜残業や休日出勤が禁止となったことで仕事が終わらなくなってしまい，監査スタッフの人員数でカバーせざるを得なくなっているようです。

　筆者が監査法人に勤務していた時代は，「入所後，はじめて現場に配属されたとたん３日間家に帰れず，事務所のソファーで寝泊まりした同期」とか，「除夜の鐘を聞きながら電卓をたたいた」とか，「繁忙期は土日祝日も関係なく，１か月間朝から深夜まで働き続けた」，「月の勤務時間が300時間を超えた」，「ゴールデンウィークは１日もない」などといった武勇伝（？）を当たり前のようにそこかしこで聞きましたし，筆者も似たような経験をしてきたものです。当時，監査は中間監査，年度末監査の年２回でしたし，内部統制監査制度も導入前でしたから繁忙期は最高に忙しいものの，その分，夏は十分休暇がとれるなど，個人的には，メリハリがあってそんなに嫌ではなかったですが（笑），いまは四半期決算や内部統制対応など，会計士は息つく暇もないのが現実です。

第4節　監査工数はどのように決まる？
～リスク・アプローチを理解しよう～

(1)　リスクの概念

　第2節では，監査法人による監査工数（特に財務諸表監査）決定の基本的な考え方として採用されているのがリスク・アプローチであること，そしてリスク・アプローチは，重要な虚偽表示が生じる可能性が高い取引項目・領域に，重点的に監査人員と時間を充ててチェックすることによって，監査を効果的かつ効率的に行う考え方であることを解説しました。

　本節では，リスク・アプローチについて，具体的にどのようなリスクで構成されているか，それぞれのリスクの関係性，リスク評価の仕組みについて解説します。

　リスクと聞くと，なんだか後ろ向きな感じがしますし，アルファベットとか計算式が出てきてとっつきにくいのですが，企業が**監査工数を削減していくためには必ず理解しておくべき重要な内容**になりますので，ここはぐっとこらえて是非お付き合いいただければと思います。

(2)　リスク・アプローチを構成するリスクの種類

　リスク・アプローチは，大きく下記①～③の3つ（②が2つに分けられるので細かくすると4つ）のリスク概念で構成され，説明されています（企業会計審議会「監査基準の改訂について」（平成14年1月25日）を参考・一部引用）。

①　監査リスク（AR：Audit Risk）

　「監査リスク（AR）」とは，監査人が，財務諸表の重要な虚偽表示を看過して誤った監査意見を形成してしまう可能性をいいます。いわば監査人が誤った監査意見を表明してしまうリスクですから，監査人にとっては，最も怖く，抑え込まなければならないリスクといえます。

②　重要な虚偽表示リスク

　文字どおり，重要な虚偽の表示が発生するリスクを意味します。「重要な虚

偽表示リスク」はさらに，「固有リスク」と「統制リスク」の 2 つの概念で説明されます。

　なお，監査基準委員会報告書315「企業及び企業環境の理解を通じた重要な虚偽表示リスクの識別と評価」の改正公開草案（2021年 2 月26日）（以下「監基報315改正公開草案」）では，重要な虚偽表示リスクは，財務諸表全体レベルとアサーション(※)・レベルの 2 つのレベルで存在するとされ，アサーション・レベルの重要な虚偽表示リスクについては，固有リスクと統制リスクの 2 つの要素で構成されると説明されています。

　　※　アサーションについては第 8 章第 2 節参照。

ⓐ　固有リスク（IR：Inherent Risk）

　「固有リスク（IR)」とは，企業内に関連する内部統制が存在していない（＝社内にまったくチェック機能がない）との仮定のうえで，財務諸表に重要な虚偽表示がなされる可能性をいいます。

　なお，固有リスクは，経営環境により影響を受ける種々のリスク，特定の取引記録および財務諸表項目が本来有するリスクからなります。

　さらに監基報315改正公開草案では，新たに固有リスク要因という概念が説明されています。

　固有リスク要因は，関連する内部統制が存在しないとの仮定のうえで，不正か誤謬かを問わず，取引種類，勘定残高または注記事項に係るアサーションにおける虚偽表示の生じやすさに影響を及ぼす事象または状況の特徴をいいます。固有リスク要因は，定性的または定量的なものであり，以下の特徴を含んでいるとされています。

　（固有リスク要因）

- 複雑性
- 主観性
- 変化
- 不確実性
- 経営者の偏向またはその他の不正リスク要因が固有リスクに影響を及ぼす場合における虚偽表示の生じやすさ

⒝ 統制リスク（CR：Control Risk）

「統制リスク（CR）」とは，財務諸表の重要な虚偽表示が，企業の内部統制によって防止，または適時に発見されない可能性をいいます。企業内に内部統制が適切に整備・運用されていないことで，重要な虚偽表示が看過されてしまうリスクですから，内部統制の整備・運用状況が有効な企業は，「統制リスク」が相対的に低いと判断されますし，**内部統制が欠落ないし不十分な企業の場合には，「統制リスク」は相対的に高いと判断されます。**

③ 発見リスク（DR：Detection Risk）

「発見リスク（DR）」とは，企業の内部統制によって防止または発見されなかった財務諸表の重要な虚偽表示が，監査人による監査手続を実施してもなお発見されない可能性をいいます。

「発見リスク」は，監査人が自らどの程度，厳格な監査手続を実施する必要があるのか，すなわち，実施すべき監査手続やその実施の時期，手続の範囲（ないし深度）を決める際に，厳格化すべきなのか，簡素化された手続でも許容できるのか，決定するための基礎となります。

⑶ 各リスクの関係性

リスク・アプローチに基づく監査の実施においては，監査人が最も恐れる「監査リスク」を合理的に低い水準以下に抑え込むことが，第一命題として求められます。すなわち，監査人の職務上の権限や決算開示までの時間的・人的制約がある中で，財務諸表の利用者の判断を誤らせることになるような，重要な虚偽表示を監査人が看過してしまうリスクをゼロにすることは現実的に難しいものの，"合理的な水準"にまで抑えるのです。

そのために，監査人はまず，取引や科目に潜在する「固有リスク」と，企業内の内部統制の有効性によって影響を受ける「統制リスク」を評価することで，重要な虚偽表示が生じる可能性を第一義的に検討し，「発見リスク」に残されている監査人の余裕度を検討します。

監査人が抑え込むべき最終リスクである「監査リスク」は常に一定水準以下に抑え込まなければなりませんから，「固有リスク」と「統制リスク」がともに

高い場合には，自ずと「発見リスク」は低く保たなければなりませんし，「固有リスク」と「統制リスク」が低い企業であれば，「発見リスク」は相対的に高い状態でも，「監査リスク」は一定水準を維持することができることになります。

　いいかえるならば，**「固有リスク」と「統制リスク」が高い場合**には，監査人は「発見リスク」を低く保つために，**より厳格な監査手続を実施しなければなりません**し，「固有リスク」と「統制リスク」が低ければ，「発見リスク」が高くても大丈夫，という余裕があるので，監査人は相対的に簡略的な監査手続を実施するだけで済むのです。

　これらの関係を式に表すと**図表2-4-1**のようになります。

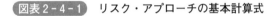
図表2-4-1　リスク・アプローチの基本計算式

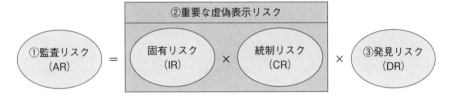

　ここで，監査リスク（AR）は常に一定に維持する必要がありますので，固有リスク（IR）と統制リスク（CR）の高低の程度により，自動的に発見リスク（DR）の許容値が決まってきます。

$$DR = \frac{AR（一定）}{IR（変数）\times CR（変数）}$$

図表 2 - 4 - 2　IR と CR と DR の関係

■IR と CR が高い場合　⇒DR を下げないといけない（監査の厳格化）

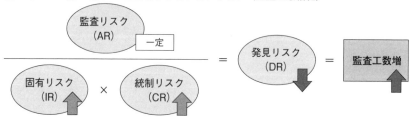

■IR と CR が低い場合　⇒DR が高くても大丈夫（監査の省力化）

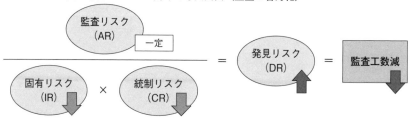

図表2-4-3　リスク・アプローチの各リスクの関係（IR×CR＝低のイメージ）

■「固有リスク」や「統制リスク」が低い場合

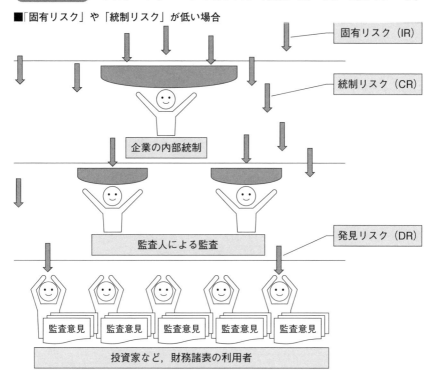

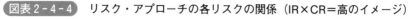

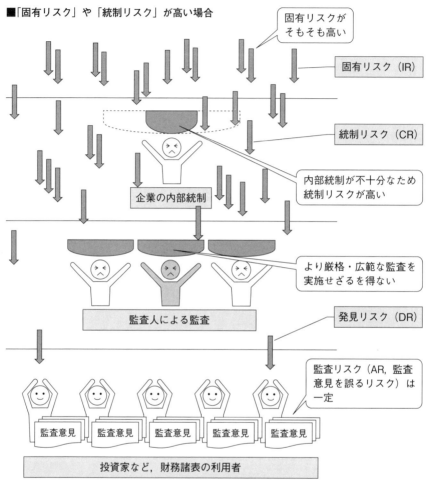

図表2-4-4　リスク・アプローチの各リスクの関係（IR×CR＝高のイメージ）

■「固有リスク」や「統制リスク」が高い場合

(4)　内部統制が強くなれば監査工数は削減できる

このように，監査法人による監査手続の深度（監査工数）は，上述の各リスクの程度によって決定されます。よって，監査法人にとって監査計画時における各リスクの評価は大変重要です。そのため，監査法人は経営者とのディスカッションなどを通じて，景気の動向，企業が属する産業の状況，企業の社会

的信用，企業の事業内容，経営者の経営方針や理念，情報技術の利用状況，事業組織や人的構成，経営者や従業員の資質，内部統制の機能，その他経営活動に関わる情報を入手し，また個別の業務プロセスに係る内部統制評価手続を実施することで，上記の固有リスク，統制リスクに係るリスク評価を行っていきます。

　中でも監査基準では，企業の内部統制の有効性の程度を検証する「統制リスク」の評価を重視しています。

　というのも「固有リスク」は，勘定科目の特質や置かれた事業環境に潜在的に存在するリスクですから，企業によってあまり変動がありません。例えば現預金などは，どの企業においても潜在的に不正の対象になりやすく，「固有リスク」は高いと評価されやすい勘定科目です。

　他方で「統制リスク」はというと，企業によってばらつきが生じます。例えば，とある監査対象企業で日本を代表する大企業Aの内部統制レベルは高く「統制リスク」は低いと評価できる一方，別の監査対象企業であるベンチャー企業Bはいまだ組織が未成熟で内部統制レベルがまだ不完全であるため「統制リスク」は高い，といった具体です。

　これは逆にいうと，「固有リスク」は企業が自身の努力によってこれを下げることは基本的にできませんが，「統制リスク」については企業の内部統制の有効性に連動しますので，企業努力，具体的には内部統制の有効性を上げることによってリスクを低減することができることを意味します。

　よって，監査報酬を下げたいのであれば，監査を意識した資料作りや事前のスケジューリングの徹底など，監査法人が監査をしやすい環境を作ることが重要な一方で，リスク・アプローチの観点から企業が対応すべきは，とにかく「統制リスク」を下げるために財務報告に係る「内部統制の有効性を高める」ことです。

　すなわち，**内部統制の強化こそが，企業ができる「監査報酬削減の最大の武器」**なのです。監査法人が統制リスク評価の対象とする財務報告に係る各業務プロセス等について，自社の内部統制の有効性を高めることで「統制リスク」を引き下げ，監査法人の監査工数を下げることで，監査法人の仕事を減らし，間接的に，かつ無理なく，監査報酬の引下げを狙うというわけです。

　その取組みの中には，監査に耐えうる決算調書体系の維持管理や，（監査法人が来る前に）財務分析（分析的手続）といったセルフ監査を実施することにより，あらかじめ重要な誤りを発見し修正する仕組みも含まれます。

　ただし，「統制リスク」の引下げに躍起になり，過剰な内部統制を整備・運用することでかえって事業自体のスピードが低下したり，監査報酬以上に内部統制対応コストがかかってしまっては本末転倒です。

　第Ⅲ部では，内部統制の有効性を維持しながらいかに効率化し，内部統制対応コストを最適化していくかについても解説したいと思います。

(5)　監査基準の改訂と企業行動への影響

　第 1 章でも触れたとおり，「監査基準の改訂について」が公表されています。これによると，リスク・プローチのさらなる強化の観点から，固有リスク，特に会計上の見積りに係る監査人の対応が明示されることになりました。

- リスクに対応する監査手続として，原則として，**経営者が採用した見積りの方法の評価**ならびにそれに用いられた**仮定およびデータを評価する手続が必要**である点
- 経営者が行った見積りと監査人の行った**見積りや実績とを比較**する手続の重要性

企業側からすると，**従来にも増して監査法人から，見積りに使用した仮定や前提といった，見積基礎データの妥当性を問われる機会が増え，かつ厳しくチェックされるようになる**ことを意味します。

　そのため，もし会計上の見積りに係る業務プロセスについて，従来基礎データや見積方法について明確に財務報告リスクを識別し，または内部統制を識別・評価してこなかった企業は，この改訂を機に，見積勘定に係る財務報告リスクや対応する内部統制対応の見直し（内部統制文書の見直しを含む）が必要になるとともに，決算体制として，見積りの前提情報についてのデータソースや判断根拠に係る透明性，追跡可能性を確保していく必要が出てきます。

　下記の**図表 2 - 4 - 5** は，筆者の内部統制支援や決算支援経験をもとに，見積りを要する勘定科目として代表的なものをいくつか科目別に列挙し，今後企業

が特に注意すべきと思われるリスクポイントの例を示したものです。企業は内部統制担当者を中心に，これらの財務報告リスクをしっかりと内部統制文書で識別したうえで，対応すべき内部統制を強化・評価し，また経理担当者を中心として，見積りの過程を可視化できる決算調書を維持管理することで，監査法人監査に十分に対応できる体制を構築していく必要があるものと考えます。

図表2-4-5 監査基準の改訂に伴い企業が強化を迫られると予想される，見積りを要する科目に対する対応ポイント（例）

見積を要する科目（例）	想定されるリスク原因（例）※後述の科目・アサーションとの紐づけは省略	具体的な検討ポイント（例）
収益認識	収益の識別単位や履行義務の識別単位を誤る	・収益計上単位として契約単位が妥当か ・契約に含まれる履行義務の識別が網羅的か
	各履行義務への取引価格の配分を誤る	・各履行義務への独立販売価格の配分根拠
	変動対価がある場合など，収益額の見積りを誤る	・変動対価を収益の構成要素に含めない，ないし発生しうる最低額を見込む場合，合理的な見積りが困難といえる十分な根拠 ・変動対価を収益の構成要素に含める場合，最頻値法，期待値法等アプローチの採用方法の妥当性 ・見積りにあたって発生確率や発生しうる金額に合理的な根拠があるか
債権評価（貸倒引当金）	債権区分を誤る	・どのような基準で債権区分したのか（特に貸倒懸念債権への区分は客観的なルールに基づいているか） ・区分について責任者が承認しているか
	貸倒引当率の計算を誤る	特に貸倒懸念債権について，財務内容評価／キャッシュフロー見積法のいずれのアプローチか，また回収可能性を検討するに際して十分かつ客観的な根拠があるか，記録は残されているか
固定資産評価（減損）	グルーピングを誤る	グルーピングは基準や適用指針に基づき十分な根拠とともに責任者の承認，記録が残されているか
	資産の各グループ（および共用資産）への配分を誤る	・キャッシュフロー生成単位となる各グループ，および共用資産への配分は十分な根拠や実績，記録があるか ・合理的な理由なく毎期変更されていないか
	主要資産とそれ以外の資産の識別を誤る	・当該グループの将来キャッシュフロー生成に対する貢献度の検討は十分な根拠や実績，記録があるか ・合理的な理由なく毎期変更されていないか

	減損認識判定に際して将来キャッシュフローの見積りを誤る	・キャッシュフローの見積年数は主要資産の経済的耐用年数もしくは見積限度（20年）を軸に見積もられているか ・将来の事業計画は実現可能で妥当といえるか ・事業計画は取締役会で承認された全社計画と整合しているか ・事業計画（予算）と実績の乖離状況を定期的に確認しているか
	減損測定に際して利用する割引率計算前提を誤る	例えば割引率に加重平均資本コスト（WACC）を用いる場合，エクイティ・リスク・プレミアム（株主の要求利回り）の基礎数値について， ・マーケット・リスク・プレミアムは合理的な根拠に基づき算出しているか ・市場連動β値の算出根拠・類似業種参照先は自社の事業規模・内容・財務構成からみて妥当か ・WACCは税引前数値に適切に調整されているか
税効果 （繰延税金資産の回収可能性の検討）	会社分類の判定を誤る	会社分類は基準や適用指針に基づき，十分な根拠と証拠に基づき実施され，検討過程が記録に残されているか
	将来課税所得の見積りを誤る	・将来の課税所得は全社的な事業計画と整合しているか ・事業計画は実現可能かつ妥当といえるか ・事業計画（予算）と実績の乖離状況を定期的に確認しているか
	各将来一時差異のスケジューリングを誤る	スケジューリングは事業計画と比較して妥当といえるか
資産除去債務	除去債務計算単位を誤る	除去債務は適切な資産単位で見積もっているか
	撤去時の費用の見積りを誤る	・基礎単価を算出している場合，基礎単価の見積りは妥当か ・撤去費用の見積りは定期的に見直されているか ・撤去費用発生のタイミングの決定は合理的な根拠に基づき決定されているか，検討過程は証拠とともに記録されているか
	除去債務計算を誤る	期待値に基づく場合，発生確率について合理的な根拠に基づき算定されているか，算定過程は証拠とともに記録されているか
	割引率の算定を誤る	割引率の算定は合理的な根拠に基づいているか，また記録が残されているか

第3章
監査対応・監査工数が
劇的に減る決算時の内部統制

本章では，企業が決算作業の過程に取り入れることで，決算・監査対応コストの削減に大きく貢献する，決算チェック手続（財務報告プロセスとしての内部統制）をご紹介します。

具体的には第2節，第3節で分析的手続を，第4節，第5節でレコンシリエーションという決算チェック手続を解説します。

この章のポイント

- 監査法人の監査工数を減らしたいなら，自社の決算財務報告に係る『統制リスク』を減らすべき
- コスパ最強の分析的手続とレコンシリエーションで監査工数の削減を狙う
- 分析的手続で大きな誤りを発見し，レコンシリエーションで細かい誤りを仕止める

第1節　財務諸表監査工数を減らす内部統制の構築

　第2章で解説したとおり，監査法人による監査手続の範囲や方法，実施タイミングは，重要な虚偽表示リスク（企業の固有リスクと統制リスク）の程度によって決まります。すなわち，重要な虚偽表示リスク（企業の固有リスクと統制リスク）が高いと判断されると，監査手続は厳格化され，逆にこれらのリスクが低いと判断されれば，監査手続は簡略化できるわけです。

　とするならば，**企業が監査コストの最小化のために目指すべきは，当然のことながら，重要な虚偽表示リスクを下げること**です。その際，固有リスクについては企業がその高低をコントロールすることが難しい一方，統制リスクについては企業の内部統制の有効性を高める努力によってリスクの程度を低下させることが可能です。よって，企業がまず対応すべきは，**自社の内部統制の有効性を高めることで，「統制リスク」を下げること**（統制リスクが低いことを監査法人に認めてもらうこと）となります。

　「内部統制」と一言でいっても，企業の内部にはさまざまな業務・活動があるため，やみくもにさまざまな業務に関する内部統制を高めても埒があきません。実際には財務諸表監査は，販売や仕入，研究開発，決算・財務報告など，企業活動をいくつかの重要な業務プロセスに分解して内部統制を評価します（サイクル・アプローチと呼ばれます）ので，監査法人に評価対象とされる業務プロセスに係る内部統制，特にキーコントロールと呼ばれる，リスクを抑える要の統制の有効性を高めていくことが重要となります。本書では，監査法人が監査手続を決定するに際して評価対象とする業務プロセスのうち，すべての企業に共通し，特に財務報告の要となる**"決算周り"の内部統制**について，その有効性を高める具体的な方法論について解説，提案していきたいと思います。

第2節　分析的手続の活用で監査コストを減らす

(1) 分析的手続とは

　筆者は，統制リスクを下げるための最大の武器は「分析的手続」だと考えています。分析的手続は第2章でも触れたとおり，監査法人の監査手法の1つで，監査基準委員会報告書520「分析的手続」にて以下のように定義されています。

> 　財務データ相互間又は財務データと非財務データとの間に存在すると推定される関係を分析・検討することによって，財務情報を評価することをいう。分析的手続には，他の関連情報と矛盾する，又は監査人の推定値と大きく乖離する変動や関係の必要な調査も含まれる。

　簡単にいうと，あるべき理論値や期待値と，実際に財務報告に用いられた計上額や根拠数値を比較して，異常な変動や乖離・差異がないかを確認することで，財務報告上の計上数値の確からしさを検証する手続です。

　計画段階で分析的手続を活用することで，リスク・アプローチの観点から「どの科目が怪しいか？」という“当たり”をあらかじめつけたり，監査の最終段階で活用することで，決算数値全体の整合性を最終チェックする際にも使われています。

　筆者が監査法人に勤務していたころ，師事した先輩からは，“公認会計士の技量は分析的手続の技量（分析力）で決まる”と教わりました。監査現場の責任者を任されるようになるにつれ，その使用頻度や使用領域も増え，何度も何度も繰り返し訓練した（させられた？）記憶があります。そのくらい，分析的手続は監査法人監査にとって切っても切り離せない重要な手続です。

　このように，かつては監査法人の監査手続として監査法人のみに使用されていた分析的手続ですが，昨今ではJ-SOX制度の導入により，（重要な不備として取り扱われる危険があるため）監査法人に決算数値を提出する前に，企業内で第一義的に重要な虚偽表示を発見，修正しなければならなくなったことや，企業内で働く公認会計士の増加により，企業が決算手続の一環として活用し，

また内部監査部門が内部監査の手続の一環として実施することも多くなってきているようです。

(2)　分析的手続の効果

分析的手続は，直接何らかの証拠と数字合わせをするのではなく，数期間の数値の変動推移を見ながら異常値を見つけたり，関連する他の科目との比率や連動性を比較することで特定の科目や決算書全体の異常性を発見する手続です。

このような特徴から，分析的手続は，細かい金額（例えば数万円単位）の誤りや不正を発見するには不向きですが，**数百万円から数億円といった大きな誤りや不正を発見するためには非常に有効**な手続といえます。というのも，分析的手続によって認識された理論値との乖離がきっかけで，大きな誤りや不正が発覚することがあるからです。分析的手続により，数千万円単位で借方と貸方の科目を逆に仕訳計上していたなどという，初歩的だけれど，どの企業でも起こりうる怖い誤りも発見できることがあります。

筆者自身も会計事務所を営んでいますので，毎月，スタッフが作成したクライアント企業の決算数値をチェックするのですが，その際に分析的手続は非常に役に立っています。例えば，事前に設定した，ある一定の分析用フォーマットに載せ替えたB/SやP/Lの数値情報を，数分間（1分から3分程度）眺めるだけで，大袈裟ではなく気になる点や異常と思われる点がだいたい浮彫りになってきます。そのうえで変動理由や乖離理由を質問していくことで，決算処理の誤りを見抜くことができ，また企業がどのような活動を行ってどのような状況になっているのかが手に取るようにわかるのです。数多くの企業の，それぞれ膨大な取引仕訳を事細かにチェックせずとも，経営意思決定がズレない程度の確からしさは確保できるようになるのです。

なお，分析的手続と相対する概念として，**「詳細テスト」**という概念があります。詳細テストは，ある決算数値の正確性を確認するために，直接的に証拠資料や現物と突合する作業です。例えば期末の現金残高を確かめるために，現金実査を行ったり，預金残高を確認するために，銀行残高証明書や確認状の預

金残高とチェックするようなイメージです。詳細テストは，細かい数値の確認
には向いていますが，決算の計上漏れなど"ないもの"の発見や全体としての
異常性を発見するには不向きです。巨大迷路の中では，自分の立ち位置がわか
らなくなってしまうのに似ています。

　いわば詳細テストが，「アリの目」で「木や枝葉を見る」チェック手続だとす
ると，**分析的手続は「タカの目」で「森全体を見渡す」チェック手続**といえます。

図表3-2-1　詳細テスト vs 分析的手続

■詳細テスト　　　　　　　　　　　■分析的手続

　分析的手続には，例えば**図表3-2-2**のような手法が考えられます。

図表3-2-2　分析的手続の手法例

分析手法	内容
趨勢分析	過去のデータと当期のデータ間の比較による分析方法
比率分析	分析対象の財務データと，関連する財務または非財務データとの比率を用いた分析方法
回帰分析	相関関係がある2つの変数のうち，一方の変数から他方の変数の値を予測する分析方法
ベンチマーク分析	自社情報と他企業の同様の情報との比較による分析方法

(3)　内部統制としての分析的手続

　では，監査法人の監査手続として使われている分析的手続をなぜ企業が行わなければならないのか？　どうせ監査法人が実施するなら，監査法人に任せていればよいのではないか？　という疑問が当然わいてくるかと思います。

　この点については先ほど，**J-SOX** 制度においては，**監査法人に決算数値を提出する前に，重要な虚偽表示を発見，修正する責任は第一義的に企業側にある**と説明しました。もし企業の姿勢が「監査法人がちゃんと見てくれるから大丈夫」という監査法人任せで，企業自身はまともにチェックをせず，重要な虚偽表示が含まれていても気づかないような状態だとしたらどうでしょう。リスク・アプローチの観点から監査法人としては当然，統制リスク評価は高いと評価し，身構え，監査手続を厳格化せざるを得なくなってしまうはずです。

　その結果，監査工数は増え，これに伴い監査報酬も増える方向に作用するでしょうし，もし監査の過程で重要な虚偽表示（不正のみならず誤りも含みます）が発見され指摘でもされたら，いくら企業が決算公表前に修正したとしても，内部統制報告上は「重要な不備」の開示を求められることにもつながります。

　それに，いずれにしても監査法人は分析的手続を行います。結局，変動理由の問い合わせを受け，調べるのは企業の経理担当者です。どうせ誰かが分析的手続を実施するなら，先に自社で実施しておいたほうが時間のロスも減りますし，監査コストも減るのではないでしょうか。

　つまり，**企業にとって分析的手続を実施しないというのは，リスクでしかない**のです。

　数分間で大きな誤りの兆候や端緒を発見できる分析的手続は，**いわばコスパ最強の内部統制**といっても過言ではありません。そんな便利な手続を公認会計士のみに使わせておくのは本当にもったいないです。

第3節　分析的実証手続と実践

(1)　分析的実証手続とは

　これまでの説明で，企業においても分析的手続の実施が重要であることはご

理解いただけたかと思います。

　ただ分析的手続というと，「はいはい，前期比較分析ね，うちでもやってます！」という企業も多いのではないかと思います。しかしながら，本書ではもう一歩踏み込んで，“重要な虚偽表示につながる誤りや不正を社内で食いとどめ，監査法人には思いっきり楽してもらう（工数を減らし報酬を下げてもらう）”という目標のもと，分析的手続の分析精度をもう一つ上のレベルに向上させる**「分析的実証手続」**をご紹介したいと思います。

　分析的実証手続とは，本書では単なる変動分析ではなく，「あるべき理論値（期待値）と，財務報告上の実際値（帳簿残高）とを比較し，両者の乖離が許容される範囲に収まるまで原因究明をすることで，帳簿残高に含まれる重要な虚偽表示の有無を検証する分析的手続」と定義します。

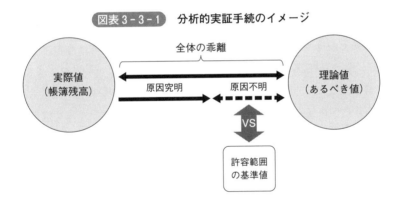

図表3-3-1　分析的実証手続のイメージ

(2)　分析的実証手続の実施ステップ

①　ステップ1：使用データの信頼性の確認と理論値の算出

　分析に使用する，分析対象科目（例：給与手当）に関連する財務データ（例：法定福利費や未払給与など）または非財務データ（例：期中平均人員数など）に基づいて，帳簿金額に対するあるべき理論値（ないし期待値）を算出します。例えば，過去の趨勢や会社の賃金規程からすると，1人当たり年間人件費（給与手当÷人員数）は●●万円くらいになるはずだ，とか，直近の社会保険料率

に基づけば給与手当と法定福利費（社会保険料の雇用主負担分）との割合は
●％になるはずだ，といった具合です。

　このとき注意すべきは，使用する関連データの信頼性の確認です。関連デー
タが誤っていたら，分析の土台が狂ってしまいますので，最新の公表統計数値
や監督官庁のホームページに公表されている数値（社会保険料率など）である
かを確認したり，社内データを使用する場合は，使用する基礎データの信頼性
をあらかじめ検証しておくことが重要です。

②　ステップ2：許容範囲の基準値の設定

　次に，あるべき理論値（期待値）と財務報告上の実際数値との差の許容範囲
の基準値を決めます。例えば，あるべき理論値と実際値との乖離額（または乖
離率）が●●万円以上（または●％以上）の場合は，●●万円未満（または●％
未満）になるまで乖離の原因を追加的に究明する，という追加検証の基準値と
なります。なお，乖離の許容額を決める際には，監査法人が自社に採用してい
る監査手続上の重要性の基準値を意識するとよいと思います。ただ，さすがに
監査法人としては自らの手の内を企業に明かすことはないと思われますので，
ここでは参考まで，自社の（連結）税引前当期純利益の0.X％や，（連結）売上
高，総資産の0.0Y％といった形で推計すると大きなズレはないのではないかと
思われます。また，許容乖離率については5％〜10％程度が，企業の決算手続
という意味では妥当ではないかと思われます。

③　ステップ3：乖離の把握と差異究明

　ステップ1のデータを用いて算出した理論値（期待値）と，財務報告上の実
際値との乖離額（ないし乖離率）を把握します。その結果，乖離がステップ2
で決めた許容範囲に収まらない場合には，許容範囲に収まるまで差異の原因究
明を行います。

　その結果，特殊な要因により乖離が生じているケースもありますが，誤りや
不正による虚偽表示であることがわかるケースもあります。特殊な要因による
乖離の例としては，例えば，1人当たり給与手当が理論値である過去数年間の
平均値と比べ異常に増えていた場合には，特定の高齢・高給な社員の登用や，

決算期末日に大量の退職者が生じた影響などが考えられます。

④　ステップ4：再検証

　このように特殊事情によって理論値との乖離が起きていることがわかった場合は，当該特殊事情による影響を排除（例えば当該高給社員を分子の給与と分母の人数から排除）または考慮し，再検証を行うことで，乖離が許容範囲内に収まっているかを確認します。この作業を，不明な乖離が許容範囲内に収まるまでひたすら続けます。

　上記の再検証の結果，乖離が許容できる範囲内に落ち着いていれば財務報告上の数値は（おおむね）正しいと結論づけることが可能になります。一方，検証の過程で誤りや不正が発覚した場合には，財務報告上の数値は正しくなかったことがわかりますので，修正することとなります。

⑤　ステップ5：分析の記録・調書化

　企業の内部統制として分析的実証手続を実施する際に重要なのは，後日監査法人や内部統制評価者などの第三者が確認できるように，上記一連の分析・検証過程をしっかりと"見える化"することです。そのためには，使用したデータの出所や乖離の追加検証を含め，一連の分析過程を調書という形でしっかり記録を残し，かつ実施者，実施日の明確化と，上長の承認証跡を取っておく必要があります（巻末付録に，「内部統制が強くなる，監査が楽になる体系的決算調書例」を載せていますので，ご参照ください）。

(3)　分析的実証手続が適合する領域・シチュエーション

　分析的実証手続は，主に経理担当者および経理部上長が決算作業の過程で実施することが想定されますが，経理に限らず，例えば内部統制担当者が，内部統制評価手続として評価対象部門長の承認手続の形骸化の有無を検証する際にも有効と考えられます。例えば以下のような領域・シチュエーションで使用できます。

① 決算の最終段階で決算数値のチェックとして活用するケース
- 子会社決算数値のチェック
- 連結修正仕訳のチェック
- 売掛金や買掛金のチェック
- 支払利息や受取利息のチェック
- 売上高，売上原価，売上総利益のチェック
- 人件費のチェック
- 減価償却費のチェック
- 税金計算のチェック

② 内部統制評価手続の一環として活用するケース
- 評価対象部門の上長の承認がハンコのみで形骸化していないか，承認の有効性の実質的な検証
- 経理部上長による決算整理仕訳の承認の有効性の確認
- 販売部門の上長による売上計上承認の有効性の確認

⑷ 分析的実証手続のみで十分なのか〜Higher Level Control〜

　このようにコスパ最強の分析的（実証）手続ですが，では分析的（実証）手続さえやっていれば，もはや細かい個別のチェック手続，内部統制は不要なのではないか？　と期待される方もいるのではないでしょうか。

　実際，筆者自身が分析的手続の積極推進派でもあることから，コンサルティングの現場でも，クライアント企業から「すべてのチェックを分析的手続に代替できないか？」といった質問をいただくこともあります。

　この点について，筆者の個人的見解としては，内部統制の有効性と企業のビジネススピード確保の両立の観点から，企業における分析的手続の積極導入を提唱していきたいと考えています。

　しかしながら先述のとおり，分析的手続は決算書全体の観点など大きな視野で，重要な虚偽表示の発見に効果を発揮する一方，個別取引，個別科目の，小さな数値の誤りを発見するのには不向きな検証技術です。膨大な取引量がある

場合などで，長い期間を経て細かい誤り，いわば塵が積もって重要な虚偽表示につながっていても，トレンド分析による分析的手続では気づけない可能性もあります。

　このようなこともあって，今日の国際的な監査のトレンドからすると，残念ながら，上長による分析的手続のような概括的なレビューによるチェック統制（これを"Higher Level Control"と呼びます）一辺倒の内部統制のあり方では，十分とは認められにくいようです。そのため，分析的手続を主軸としながらも，別途，取引全体（母集団）からのサンプリングによるエビデンスチェックといった詳細テストを組み合わせることで，内部統制の有効性と業務の効率性を両立していくことが，現実的な企業の対応方法ではないかと考えます。

(5)　分析的実証手続の実施例

■前提
- 期末売掛金残高（12,000百万円）の妥当性を，売上高との比率（回転期間）によって検証する。
- 当社の売掛金の回収期間は30日である。
- 分析に使用する財務ないし非財務データの信頼性は確保されている。
- 分析的実証手続の採用に際して用いる許容乖離率は5％とする。

■ステップ1：使用データの信頼性の確認と理論値の算出
　本設例では，信頼性が確保されている前提のため，省略。

　また，売掛金回転期間の理論値としては，売掛金の回収期間が30日であるため，約1か月と導き出される。

■ステップ2：許容範囲の基準値の設定
　本設例では，所与の数値（5％）としているため，省略。

■ステップ3-1：乖離の把握
　下記表から，X3年12月期の売掛金回転期間（1.3か月）は理論値（1.0か月）と比べ31％乖離しており，許容乖離率5％を26ポイント超過していることがわかる。

		ア	イ	ウ	エ	オ =ウ(H)－エ
		X1/12期	X2/12期	X3/12期 （当期）	許容 乖離率	許容範囲 からの 超過
A	売掛金（百万円）*1	10,000	11,000	12,000		
B	売上高（百万円）*1	120,000	132,000	110,000		
C	会計期間（月）	12	12	12		
D＝B/C	1か月当たり平均売上 高（百万円）	10,000	11,000	9,167		

E＝A/D	回転期間実際値（月）	1.0	1.0	1.3		
F	回転期間理論値（月）	1.0	1.0	1.0		
G＝E－F	乖離（月）	0.0	0.0	0.3		
H＝G/F×100	乖離率（月）	0％	0％	31％	5％	26％

＊1：各年度の残高試算表より

■ステップ3-2：差異究明

　下記表から，X3年12月期の売掛金回転期間のみ1.3か月と異常値となった理由は，会計上の誤りや滞留債権ではなく，年度最終月である12月の売上が，得意先A社からの特需により好調であったため，売掛金期末残高と年間平均売上高とのバランスが一時的にゆがんだことが原因と予想される。

		A	B
		売掛金（百万円）	売上高（百万円）
X3/12期 月次推移	1月	8,910	8,910
	2月	8,910	8,910
	3月	8,910	8,910
	4月	8,910	8,910
	5月	8,910	8,910
	6月	8,910	8,910
	7月	8,910	8,910
	8月	8,910	8,910
	9月	8,910	8,910
	10月	8,910	8,910

11月	8,910	8,910
12月	12,000	12,000
合計		110,010
年度末売掛残／平均売上	12,000	9,167

月次残高試算表より

■ステップ4：再検証

12月の特需の影響を考慮し，12月分の売上のみで再分析を行う。

		ウ	エ	オ ＝ウ(H)－エ
		X3/12期 （当期）	許容 乖離率	許容範囲からの 超過
A	売掛金（百万円）	12,000		
B	12月度売上高（百万円）	12,000		

c＝a/b	回転期間（月）	1.0		
d（上記F）	回転期間理論値（月）	1.0		
e＝c－d	乖離（月）	0.0		
f＝e/d×100	乖離率（月）	0％	5％	－

←許容範囲内に収まった

■ステップ5：分析の記録・調書化

以上の分析過程をしっかり調書として残す。

特に，データソースのレファレンス，実施者のサイン，日付，分析によって導き出された考察，結論を記録する。

〈結論の記載例〉

以上の再検証の結果，売掛金の期末残高（12,000百万円）の残高に異常性はなく，残高は妥当と判断する。

作業実施者：	X4/1月10日　経理部　CI太郎
レビュー者：	X4/1月11日　経理部課長　SOX次郎

第4節 レコンシリエーションの活用で監査コストを減らす

(1) レコンシリエーションとは

　続いて，レコンシリエーションというチェック手続をご紹介します。「レコンシリエーション（Reconciliation）」という言葉を聞きなれない方も多いかもしれません。実は外資系企業などでは決算作業の一環として制度化されつつあるチェック手続の1つです。"残高照合"のイメージでもよいかもしれませんが，国内企業ではまだ定着しておらず，なかなか日本語で適切な表現が見つかりませんでしたので，本書ではあえてレコンシリエーションと呼ぶことにしました。

　レコンシリエーションは，特定の科目，特にB/S科目の残高の正確性を確認するために，別の証憑資料上の金額や相手先の相当する科目の残高（例：債権に対する債務など）と突合し，差異がある場合には，原因を究明したうえで，誤っている差異について適切に修正し，記録する一連の手続です。

　強いて日本語で表現するならば，**「担当者による科目残高照合に加え，差異究明と調整，その過程の調書化と，上長による承認の一連の業務」**といった感じでしょうか。

　レコンシリエーションも監査法人監査ではメジャーな手続で，通常は財務諸表監査（期末監査）における詳細テストの一環として行われます。人によっては，レコンシリエーションをより広く捉え，分析的実証手続も含めた概念として使う場合もあるようですが，本書では直接的証拠と突合する作業と捉え，推定理論値と比較する分析的実証手続とは分けて使用します。

　例えば，監査の過程で，債権債務の残高を確認するために被監査企業の取引相手に"確認状"を発送することがあるかと思います。取引先企業から，相手科目の残高に係る回答を回収し，監査対象科目残高との間に差異があれば，差異内容を究明し調整していく作業です（"差異を詰める"などといいます）。

　このように監査法人による監査手続として確立されてきたレコンシリエーションですが，先述のとおり，最近では外資系企業やグローバル企業において，

企業内の決算手続の一環として組織的に制度化，導入されつつあるようです。筆者の関与先でもすでに導入済の企業もありますし，内部統制強化の観点から新規導入の相談を受ける機会も出てきています。

　このように説明すると「はいはい，銀行残高のチェックね！　毎月当然やってますよ！」，「債権債務は監査法人が確認状を出してますから十分でしょう！」という経理担当者も多いでしょう。
　しかしながら，貴社のその"レコンシリエーション"は，以下の要件を満たしていますか？

- ✓ 預金残高以外の科目は実施しているか？
- ✓ グループ会社の経理を担当する誰もが，同一水準で実施できるよう，ルールやマニュアル，フォーマットは整備されているか？
- ✓ 第三者（上長や監査法人）が見ても理解・追跡できるよう，差異の究明・調整過程が調書（カバーシート，リードシート）として記録されているか？
- ✓ カバーシート，リードシート等と各エビデンス間の数値は，リファレンスによりつながって追跡可能な状態になっているか？
- ✓ 監査法人が監査に来る前に言われなくても自社で主体的に実施しているか？
- ✓ 親会社や上長など，実施者以外の第三者による承認やチェックがなされ，組織としての品質管理が制度化されているか？
- ✓ 実施から報告，承認までの一連の作業が"決算作業"として認識され，作業にかかる時間が決算スケジュールにあらかじめ織り込まれているか？

　レコンシリエーションも分析的手続同様，決算・財務報告の信頼性を向上させるために，帳簿残高とあるべき理論値との差異を明らかにし，差異原因を究明しながら許容範囲内まで調整していく，決算・財務報告プロセスに係る内部統制の1つです。そのため，社内できちんと組織的に制度化し，記録をしっか

りと残すことで，社内で重要な虚偽表示を事前に防止，ないし適時に発見することに役立ちますし，ひいては内部統制報告上の「重要な不備」の回避にもつながります。

　そして，**監査法人としても，事前に企業で実施されたレコンシリエーション手続の記録を確認することで企業に対する信頼性が向上し，統制リスク評価を低くすることができますし**，（省略とはいわないまでも）**間違いなく監査手続の効率化，簡略化につながる**と考えられます。というのも，筆者の経験上，監査手続においてより多くの時間が割かれ，残業の原因となったのは，終わりが見えない"差異の究明"作業だったからです。

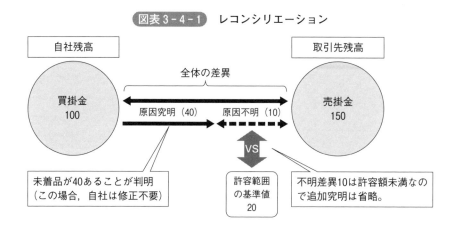

図表 3 - 4 - 1　レコンシリエーション

(2)　レコンシリエーションの類型

　レコンシリエーションで使用する理論値は，分析的実証手続と異なり，直接的な証拠残高となります。

　これには大きく，外部証拠との突合と，社内で保管されている現物や別システムで管理されている補助簿といった内部証拠との突合の2種類に分けられます。

① 外部証拠の例
- ✓ 預金・借入金………… 銀行残高証明書
- ✓ 売掛金・買掛金……… 期末後の通帳入出金データや確認状
- ✓ 預け在庫……………… 預かり証

② 内部証拠の例
- ✓ 現金…………………… 現物（実査）
- ✓ 棚卸資産……………… 現物（実地棚卸）
- ✓ 固定資産……………… 固定資産台帳（補助簿との突合）

(3) レコンシリエーションの有用性

　筆者が決算・監査の効率化の観点からなぜレコンシリエーションを提唱するのかというと，大きく**「効率性」**と**「客観性」**，**「確実性」**の3つの理由が挙げられます。

① 効率性

　会計期間中に発生した膨大な量の取引をつぶさにチェックしていくことは，限られた時間と労力の中で現実的とはいえませんが，レコンシリエーションは比較的，効率的なチェック手続といえます。その理由は，複式簿記の特徴にあります。つまり，P/Lの各科目の残高の妥当性を直接的に確認する術は，一定件数のサンプルチェックくらいで，科目全体を直接的に確認する術はなかなかないのに対し，複式簿記の相手科目として計上されるB/S科目については，その残高が期中を通じて蓄積されていくため，合計額で直接証拠と突合することが可能な場合が多くあります。ここで，もし会計期中に軽微な処理誤りや不正が複数回生じていたとしたら，関連するB/S科目の期末残高に当該誤りや不正による影響が蓄積され，残っているはずです。それらの虚偽表示を含む帳簿残高を，直接的な証拠と突合することによって，期末残高に含まれる虚偽表示を一網打尽で発見することができるのです。

②　客　観　性

　2つ目はその客観性です。レコンシリエーションで使用する理論値は，外部証拠にしろ，内部証拠にしろ，誰が見ても"答え"がわかる直接的な証拠です。そのため，監査法人などの第三者が見ても理解でき，また納得が得られやすいという客観性があります。またそういった意味では，推定計算を伴うことから実施者の技量によって理論値や分析結果が変化しうる分析的実証手続と比べ，実施者の技量を選ばないため仕組み化しやすい，といったメリットもあります。

③　確　実　性

　そして3つ目は確実性です。残高を直接的に合わせることで，僅少な誤りであったとしても発見することが可能になります。つまり，突合先の残高と1円でも合わなければどちらか（もしくはどちらも）がおかしい，ということを意味するわけです。そういった意味では，重要な誤りには効果的であるものの，小さな誤りを発見するのが不得手な分析的実証手続を補完する内部統制としてレコンシリエーションを戦略的に導入することで，決算業務の有効性と効率性を両立することが可能になります。

　なお，決算早期化・効率化の観点から考えると，レコンシリエーションによってたとえ1円単位で差異を発見できたとしても，差異が許容額の範囲であるならば，再調整の詳細な検討に時間を費やすことはお勧めしません。

第5節　レコンシリエーションの実践

(1)　レコンシリエーションの実施ステップ

①　ステップ1：使用データの選定

　まず，検証対象科目と突合すべきデータを選定します。例えば期末預金残高を検証するのであれば，通帳残高や銀行発行の残高証明書が最も証拠力が強く適切といえます。固定資産の種類別に残高を検証するのであれば，補助簿として固定資産管理システムで管理している固定資産台帳上の資産種類ごとの残高がよいでしょう。

　売掛金や買掛金などの債権債務については，どうでしょうか？　代表的な

データとして考えられるのは，期末日後の入出金情報や，残高確認状による確認です。ただ，決算のスピード感からすると，期末日以降の通帳の入出金データを確認することができないケースがあります（回収／支払期日まで決算が待てないケース）。また，グループ会社間の債権債務であればお互いの残高の確認をとることができますが，第三者，特に得意先に対して自社の債権の残高確認状を送るのに抵抗がある会社も少なからずあるでしょう（監査法人が独自で送る可能性もあるなら，なおさらです）。

このように，レコンシリエーションができない場合には，先述の分析的実証手続でカバーしていくことになります。

②　ステップ2：許容範囲の基準値の設定

次に，突合先のデータ上の残高と，検証対象となる財務報告上の実際数値との差の許容範囲の基準値を決めます。これは，分析的実証手続で設定した基準値と整合していることが重要です。例えば，分析的実証手続の際に設定した乖離額の基準値が●●万円であるならば，レコンシリエーションで使用する基準値も同様であるべきです。

なお，グループ子会社については，通常親会社と比べて規模が小さいと思われます。そのため，子会社独自の法定決算（各国の税務申告や会社法決算）の正確性を確保するという観点では，親会社の設定した基準値ではチェックの精度が粗くなります。そこで，別途子会社の規模を反映した独自の，より小さな許容額（重要性の基準値）を設定すべきと考えられます。

ただし，連結パッケージ報告など，親会社の連結財務報告目的の決算の正確性を確保するという観点でいえば，親会社が設定した"連結ベースの許容額（重要性の基準値）"を使用すれば十分であると考えられます。なぜなら，開示される連結財務諸表上において，利用者の判断を誤るほどの重要な虚偽表示が防止または発見できれば足りるからです。

③　ステップ3：差異の把握と差異究明

　検証対象となる科目の残高とステップ1で選定したデータとを突合し，差異の有無を確認します。そのうえで，差異が生じており，かつその差異が許容額を超えている場合には，不明差異が許容額を下回るまで差異原因を究明していきます。

　その結果，差異原因が複数あることもありますし，自社残高だけでなく，相手方の残高も修正しなければならないケースもあります。つまり，分析的実証手続と異なり，レコンシリエーションの場合は，突合先の残高が"あるべき理論値"とは限らない点に注意が必要です。

④　ステップ4：差異の調整

　差異究明の結果，自社の科目残高に修正が必要な場合には修正を行います。相手側の残高に修正が必要な場合は，自社では修正は不要ですが，差異の内訳として，内容や金額を記録する必要があります。

⑤　ステップ5：記録・調書化

　レコンシリエーションについても，分析的実証手続と同様，内部統制として"実施者のみが理解できる"といったブラックボックス状態は避けなければなりません。事後的に上長（または親会社）が，担当者（または子会社担当者）によるレコンシリエーションの過程を理解・追跡でき，また監査法人や内部統制評価者などの第三者も事後的に確認できるように，上記一連の作業の過程をしっかりと"見える化"しておくことが重要です。そのためには，使用したデータの出所や差異の内容，金額などの詳細を調書という形でしっかり記録を残し，かつ実施者，実施日の明確化と，上長の承認証跡を取っておく必要があります。

　　※　巻末付録に「内部統制が強くなる，監査が楽になる体系的決算調書例」を載せていますので，ご参照ください。

(2)　レコンシリエーションの実施例

■前提

・X1年12月期末の子会社向け売掛金残高（100百万円）の妥当性を，子会社

からのパッケージ報告上に計上された，当社（親会社）向け買掛金残高と
突合して確認する。

- 子会社からのパッケージ報告上，当社（親会社）向けの買掛金残高は70百
  万円である。
- 当社（親会社）は出荷基準で収益認識をしている。
- 当社の連結財務報告目的の許容額の基準値は10百万円とする。

■ステップ1：使用データの選定

　子会社からの買掛金残高と突合する。

■ステップ2：許容範囲の基準値の設定

　本設例では，所与の数値（10百万円）としているため，省略。

■ステップ3−1：差異の把握

　下記表から，当社と子会社間で30百万円の差異が把握される。

（差異の把握）

	親会社 （売掛金）	子会社 （買掛金）	差異
X1/12月末残高（百万円）	100	70	30

■ステップ3−2：差異究明

　親会社の売掛金，子会社の買掛金それぞれの内訳を確認したところ，請求書
番号 #XXX8〜#XXX10 までの取引合計30百万円が，未着品のため子会社側で
認識されていないことが発覚した。

（単位：百万円）

請求書番号	出荷日	着荷日	a 親会社の売掛金 残高内訳	b 子会社の買掛金 残高内訳	c＝a−b 差異の内訳
#XXX1	X1/3/1	X1/6/1	10	10	0
#XXX2	X1/4/1	X1/7/1	10	10	0
#XXX3	X1/5/1	X1/8/1	10	10	0

#XXX4	X1/6/1	X1/9/1	10	10	0
#XXX5	X1/7/1	X1/10/1	10	10	0
#XXX6	X1/8/1	X1/11/1	10	10	0
#XXX7	X1/9/1	X1/12/1	10	10	0
#XXX8	X1/10/1	未着	10		10
#XXX9	X1/11/1	未着	10		10
#XXX10	X1/12/1	未着	10		10
合計			100	70	30

■ステップ4：差異の調整

子会社側で未着品30百万円を修正仕訳として追加計上する。

（単位：百万円）

借方		貸方	
未着品	30	買掛金（親会社）	30

	親会社 （売掛金）	子会社 （買掛金）	差異	
X1/12月末残高（百万円）	100	70	30	
未着品修正		30	−30	＊1
合計	100	100	0	←Reconciled （調整完了）

＊1　子会社担当者に問い合わせたところ，子会社側で以下の取引が未着となっていた。

（単位：百万円）

請求書番号	当社計上額
#XXX8	10
#XXX9	10
#XXX10	10
合計	30

■ステップ5：記録・調書化

以上の分析過程をしっかり調書として残す。

特に，データソースのレファレンス，差異原因の内容と金額，不明差異がある場合には許容額以下になっていること，実施者のサイン，日付，結論を記録する。

第4章
決算・監査対応コスト最適化の
ための内部監査のポイント

　本章では，監査法人の監査手続を軽減ないし効率化させるために，企業の内部監査および内部統制評価はどうあるべきか，について解説をしていきます。

この章のポイント

- 内部監査も立派な内部統制
- 内部監査が強化されれば監査法人の監査工数は減る
- 監査工数が減る内部監査のキーワードは『独立性・専門能力・品質管理』
- インソースかアウトソースかは本質ではない
- 評価手続の "筋肉質化" で監査法人の信頼を勝ち取り監査工数削減を狙う

第1節　監査工数が減る内部監査のポイント

(1)　監査法人による内部監査の利用

　一般的にはあまり意識されていないことですが，企業の内部監査機能も，それ自体が立派な全社的な内部統制（モニタリング機能）の一構成要素であり，これが有効に機能していると判断されることで，**監査法人による監査手続を省力化させることが可能**です。これは日本公認会計士協会公表の監査基準委員会報告書315「企業及び企業環境の理解を通じた重要な虚偽表示リスクの識別と評価」（以下「監基報315」），監査基準委員会報告書610「内部監査人の作業の利用（以下「監基報610」）によっても明示されています。具体的には，監査法人は，**企業の内部監査が監査法人による監査に関連した活動を行っており，かつ以下のような一定の要件を満たしている場合には，内部統制としての内部監査の結果を利用して監査法人自らの実施手続や時期を変更し，また手続の範囲を縮小することが可能**というものです。

- 内部監査機能の組織上の位置づけならびに関連する方針および手続により確保されている，内部監査人の**客観性**の程度
- 内部監査機能の**能力**の水準
- 内部監査機能の専門職としての**規律ある姿勢と体系的な手法**の適用の程度

上記各要件の詳細については，(3)以降で解説します。

(2)　内部監査のアウトソースの是非

①　内部監査はアウトソースできるのか

　監基報610によると，企業の内部監査機能は，必ずしも"内部監査室"といった組織や名称であることを要せず，また企業が内部監査機能を外部委託（アウトソース）していたとしても，それ自体は問題視されません。インソース（内製化）であれアウトソースであれ，重要なのは内部監査機能が，客観性や能力要件，活動内容，証拠の十分性を満たしているか，という点です。また，後述しますが，監査法人監査を効率化させるためには，インソースにしてもアウトソースにしても，企業の内部監査機能には**一定の品質管理体制が求められる**点

に注意が必要です。

　近年では，必要なときにだけ公認会計士や公認内部監査人といった監査のプロを利用できるという費用対効果の高さから，内部監査をアウトソースしている企業も増えてきているようですし，筆者が調べた限りでも，内部監査をフルアウトソースした上場企業の事例も出てきています。筆者の関与先でも，上場準備中の企業の場合は十分な知名度がないことから，**"そもそもいい人材が雇用できない"**，**"ようやく１名採用できたと思ったら，すぐ辞めてしまった"** といったことになりがちで，その結果，ノウハウがたまらないうえにプロジェクトが思うように進まないというお悩みから支援させていただくケースがあります。企業にとっては内部監査を専門家にアウトソースするという選択肢を得たことで，内部監査コストを最適化しながら，さらに監査法人の監査手続も簡略化させることで，さらなるコスト削減が狙える環境が整いつつある，といえるのではないでしょうか。

　このように内部監査のアウトソースを利用することには，専門家を必要なときだけ利用しながらコストの最適化を狙えるというメリットもありますが，一方で社内でのノウハウの蓄積や，品質管理体制の構築・維持をどうするかといった課題もあります。

図表4-1-1　**内部監査アウトソースの是非**

	コンサルタント／アウトソース利用	内製化
メリット	✓専門家を必要なときだけ利用でき費用対効果が高い ✓業務継続の安定化（※委託先が個人でなく組織化されていることが前提） ✓高い客観性・独立性 ✓他社経験の活用	✓社内にノウハウが残りやすい ✓社内人脈に精通している ✓自社ビジネスへの深い理解
検討時の注意点	✓品質管理体制の構築 ✓ノウハウの蓄積 ✓緊急事案発生時の対策	以下のようなリスクがある（特にベンチャー・中小規模企業） ✓そもそも適した人材が雇用できない ✓年間を通じた専門家雇用はかえってコスト高となる ✓担当者が辞めると業務継続できなくなる ✓雇用した人材の能力が不十分でも代替が効かない ✓人事異動後の報復をおそれ独立性を保てない

②　品質管理は誰がやるのか

　アウトソースの認知度が高まってきているからでしょうか，筆者も上場企業，上場準備企業からアウトソース利用の是非について相談されるケースが増えてきています。ただ中には，過去に利用した（または現在の）アウトソース先が，さらにフリーランスの専門家に再委託して，あとは“丸投げ状態”であるとか，“担当者が変わるたびに対応や成果物がバラバラ”で，結局企業側での品質管理の負担が重たい，といったお悩みを伺うケースも残念ながら少なからずあります。

　企業としては，専門家に“フル”アウトソースをしたつもりが，品質管理に係る両者間の役割責任が不明瞭だったことで，アウトソース先が専門家としての品質管理を実施してくれないことが後になって判明し，調書レビューやフォローアップなど，品質管理の手間は結局企業側が負担することになってしまったというわけです。特にフルアウトソースの場合は，社長など多忙を極める経営者に直接この負担がのしかかる危険があるため厄介です（結果的に，まともな品質管理が行われず監査法人の工数は減らない，という状況になります）。

　筆者が考えるに，こういった内部監査の“質”を高めるための品質管理手続は，いわば原石の磨き上げの作業であるため，非常に手間（つまり工数＝コスト）がかかる割には，“量”としてのアウトプットには影響しにくく，委託者であるクライアント企業側に専門家がいない場合は違いが見えにくい部分です。一方で企業としても，コストセンターである内部監査の委託先選定に際しては，どうしても目先の報酬価格に目が行きがちです。

　そのため，内部監査アウトソースの受託者としては，クライアント側にわかりやすい差別化要因である「価格」を下げることを優先させるために，手間とコストはかかるが報酬価格に反映させづらい品質管理手続を削減しているケースもありうるのではないかと予想します。

　内部監査のアウトソース先選定にあたっては，アウトソース先へ支払う報酬（価格）のみならず，自社の手間増加による人件費，監査法人工数削減への影響まで考慮のうえ，全体的なコストの最適化を考えていく必要があります。

③　アウトソースのトラブルを回避するために

このように，「蓋を開けてみたら誰も品質管理を行っていない」というトラブルを回避するためにも，アウトソース利用の可否や利用範囲を検討するにあたっては，自社の事業内容や規模，内部の監査人員体制を踏まえ，内部監査機能のどの部分をアウトソースしたいのか，**特にアウトソース先の担当者の指導・監督，フォローアップは誰が実施するのかを事前に明確にしておく**ことが重要です。すなわち，アウトソース先を検討する際は，価格のみならず，専門家チームとして一定の品質管理体制を構築し，調書レビューとフォローアップといった細かい品質管理まで含めて依頼できる相手なのか，それとも品質管理

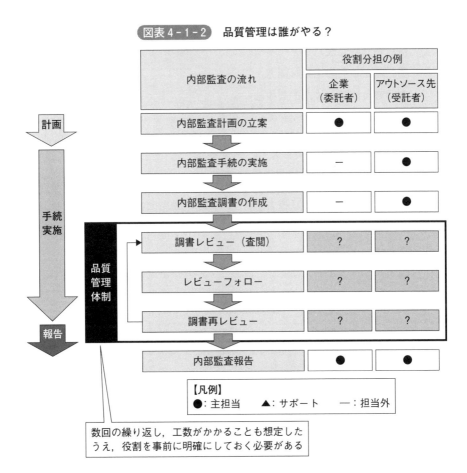

図表4-1-2　品質管理は誰がやる？

内部監査の流れ	役割分担の例	
	企業 （委託者）	アウトソース先 （受託者）
内部監査計画の立案	●	●
内部監査手続の実施	－	●
内部監査調書の作成	－	●
調書レビュー（査閲）	?	?
レビューフォロー	?	?
調書再レビュー	?	?
内部監査報告	●	●

計画

手続
実施

品質
管理
体制

報告

【凡例】
●：主担当　　▲：サポート　　－：担当外

数回の繰り返し，工数がかかることも想定したうえ，役割を事前に明確にしておく必要がある

の手間は自社で担わなければならないのかを事前に確認しておくことが，後々のトラブルを回避するために重要です。

(3)　監査法人が内部監査を利用可能となるには

先述のとおり監査法人は，一定の条件のもと，企業の内部監査を自身の手続に代えることで，監査手続の範囲を縮小することができます。ただし，企業の内部監査機能が下記①から③の要件を満たさない限り，内部監査の作業を利用することができません（監基報610第7項，第12項）。

裏を返せば，企業が，監査法人に自社の内部監査を利用することで監査手続を簡略化してもらい，**監査報酬を削減してもらいたいのであれば**，自社の内部監査機能について**①から③の要件を満たす必要**があるわけです。

① **客観性（独立性）**
② **専門家としての十分な能力**
③ **規律ある姿勢と体系的な手法**

以下，それぞれ詳しく解説していきます。

①　客観性（独立性）

客観性とは，内部監査人（ないし組織）が専門職としての判断を歪めるようなバイアス，利益相反または他者からの不当な影響を回避し，業務を遂行できる能力をいいます。

監査法人が，"内部監査人が客観性を確保している"と判断できるためには，例えば**図表4-1-3**のような要件を満たしているかがポイントとなります。

図表4-1-3　**客観性要件を満たすためのポイント**

・内部監査人の組織上の位置づけとして，取締役会や監査役などへ報告していること
・組織上の位置づけが経営者に報告する形式の場合には，取締役会や監査役とも直接質問や面談をすることが可能であること
・内部監査人が内部監査の対象業務に関与していないこと（監査対象からの独立性）
・内部監査人の業績評価方針決定に関与するなど，取締役会や監査役が内部監査人の人事について監視していること
・内部監査人が経営者などからの制約なく，発見事項を監査法人に報告することができること

②　専門家としての十分な能力

専門家としての十分な能力とは，内部監査人（ないし組織）が適用される内部監査の基準に準拠して，担当する内部監査業務を実施するのに必要な知識および技能を有していることをいいます。

監査法人が，"内部監査人に十分な専門的能力がある"と判断できるためには，例えば**図表4-1-4**の要件を満たしているかがポイントとなります。

図表4-1-4　専門的能力要件を満たすためのポイント

・内部監査人が十分な専門的研修を受けていること
・内部監査の実務経験を有していること
・内部監査対象業務や産業に対する知識を有していること
・（公認会計士や公認内部監査人などの）専門的な資格を有していること
・（日本公認会計士協会や日本内部監査協会など）継続研修制度を有する専門団体の会員であること

③　規律ある姿勢と体系的な手法

規律ある姿勢と体系的な手法とは，内部監査の計画，実施，監督，査閲（調書レビュー），文書化を体系的に行う仕組み，すなわち品質管理の体制が，内部監査を担当する組織に整備・運用されていることを意味すると考えられます。

監査法人が，"内部監査人に規律ある姿勢と体系的な手法が備わっている"と判断できるためには，例えば**図表4-1-5**のような要件を満たしているかがポイントとなります。

図表4-1-5　規律ある姿勢・体系的手法（品質管理）要件を満たすためのポイント

・リスク評価，監査手続，監査調書の作成および報告に関する，文書化されたガイダンスや内部監査に関する規程が整備・運用されていること
・内部監査調書や報告書について，実施担当者と同レベル以上の能力を有する者による査閲（レビュー）とフォローアップなど，適切な品質管理の方針および手続が整備・運用されていること
・内部監査人が十分な専門的研修を受けていること
・内部監査の実務経験を有していること

⑷　内部監査の品質管理体制

　上記の⑶③に関連し，監査法人は，自らの監査手続に代えて内部監査人の作業を利用するか検討する際，内部監査の品質として以下を考慮することになります。

- 内部監査人の作業が，適切に計画，実施，監督，査閲および文書化されているかどうか。
- 内部監査人によって，合理的な結論を導くことが可能な十分かつ適切な証拠が入手されているかどうか。
- 内部監査人の結論が状況に照らして妥当かどうか，および内部監査の報告書が実施した作業の結果と整合しているかどうか。

　なお，筆者の感覚ですが，企業における内部監査の品質管理体制については，まだまだ十分でない企業が多いように思えます。特に内部監査実施担当者により実施された手続と結果に対する①文書化作業，そして上長による②深度ある査閲（レビュー）手続について十分でない企業が多い印象です。

①　文　書　化

　文書化の際の注意点としては，なんといっても作業の"見える化"です。事後的に第三者（上長，監査法人）が作業内容を理解できるよう，例えば**図表4－1－6**のような点をしっかりと記録しておくべきと考えます。

図表4－1－6　文書化の際の注意点

・監査計画策定にあたっての考慮事項の明確化　（リスク評価やローテーションなど，決定された監査対象拠点の根拠）
・適用した監査手続計画（チェックするポイント）
・監査対象として抽出した証拠サンプルの母集団
・抽出方法
・抽出したサンプル（追跡可能な情報）
・チェックしたサンプルに対する結果
・母集団全体に対する結論・発見事項
・監査手続実施者，実施日
・監査対象拠点，担当者
・監査調書の査閲者，査閲日

②　査　　閲

内部監査人が他の担当が実施した内部監査調書の査閲を行う際には，例えば**図表4-1-7**の点を考慮すべきと考えられます。

図表4-1-7　査閲の際の注意点

・職業的専門家としての基準および適用される法令等に従って作業を行っているか
・重要な事項を詳細に検討しているか
・専門的な見解の問い合わせを適切に実施しており，その結論を文書化し，かつ対処しているか
・監査手続の種類，時期，範囲を変更する必要があるか
・到達した結論は，実施した作業によって裏付けられているか，またそれが適切に監査調書に記載されているか
・入手した監査証拠は，監査意見を裏付けるものとして十分かつ適切であるか
・監査手続の目的は達成されているか

(5)　監査法人が内部監査作業を利用できない場合

内部監査人の作業を利用するかは，あくまで監査法人が自己の責任のもとで決定することになります。なぜなら，企業の内部監査を利用したとしても監査法人の責任が軽減されるわけではないからです。

そのため，監基報610では，監査法人が以下の判断をした場合には，**内部監査人の作業を利用してはならない**旨を規定しています（第12項）。

- 内部監査人の**客観性が十分に確保されていない**。
- 内部監査機能が**十分な能力を有していない**。
- 内部監査機能に，**品質管理を含め，専門職としての規律ある姿勢と体系的な手法が適用されていない**。

また，監査法人が内部監査人の作業を利用する場合でも，以下のような場合には，利用範囲を縮小し，自ら実施する作業を拡大するよう要請しています。

- 監査手続の立案および実施ならびに入手した監査証拠の評価に高度な判断が必要な場合
- 特別な検討を必要とするリスクを含め，監査人が評価したアサーション（適正な財務諸表作成のための要件）・レベルの重要な虚偽表示リスクが高

い場合

- 内部監査機能の組織上の位置づけならびに関連する方針および手続により確保されている内部監査人の客観性が低い場合
- 内部監査機能の能力が不十分な場合

裏を返せば，企業が監査法人の工数を減らすためには極力上記に該当しないよう，逆のことをすればよいのです。

(6) 監査コストを最適化するために

先述のとおり，内部監査の利用可否はあくまで監査法人の判断によります。しかしながら，企業が監査対応に要する負荷を含め，全体的に監査に要する工数を効率化させ，監査コストを削減したいのであれば，監査法人の信頼を勝ち取るためにできる限りの努力をすべきと考えます。

そのためには，内部監査をインソース化するにしてもアウトソース化（ないしコソーシング化）するにしても，本節で記載した各要件を意識しながら，"客観性（独立性）"，"専門家としての十分な能力"，"体系的な監査の実施ができるための品質管理体制"を整備・運用していく必要があります。

そうすれば監査法人とも，自ずと監査コスト削減に向けた話し合いができるようになるはずです。

第2節 監査工数が減る内部統制評価のポイント

(1) 効率化したければ「筋肉質」になれ

これまで解説してきた財務諸表監査と，ここから解説する内部統制監査（いわゆるJ-SOX監査）は，効率的な監査の実施の観点から，基本的には同一の監査法人によって実施されることが想定されています（そのため，一体監査と呼ばれます）。例えば，監査法人は財務諸表監査で利用したIT全般統制などの内部統制の有効性に係る監査証拠を，内部統制監査の証拠としても利用することで効率化が図られているわけです。

ただ本節では，監査法人による内部統制（J-SOX）監査工数の削減に特化して，企業ができる施策を紹介していきたいと思います。1つ目のポイントは，

ズバリ評価作業の**"筋肉質化"**です。

　これはつまり，制度趣旨や文言から考えて，対応不要な項目，効率化できる作業は徹底的にそぎ落とす一方で，必要な項目に対しては，手間がかかっても徹底的に厳しく実施し，また組織的に品質管理を行い，そして第三者が事後的に確認できるよう，しっかりと記録を残していくことを意味します。

　筆者が関与してきた企業の中には，内部統制対応の負荷を減らしたい思いがあるものの，**やるべきことと，やらなくてよいことの取捨選択をあいまいにしながら，一方で，やるべきこともやらなくてもよいことも含め全体的に"テキトー"に評価を行い，調書記録も品質管理も"テキトー"にしか行わないことで，なんとなく内部統制対応負荷を減らした気でいた企業も少なくありません。**

　ただ，これではとてもではないですが，プロである監査法人の信頼を得ることはできません。結局，不要な項目については特に指摘されないのでそのまま負荷は残り続け，足りていない項目について指摘されることで，追加の作業を余儀なくされるという**"ぜい肉体質"**になっていたわけです。気がつかないまま，内部統制地獄にハマっていたというわけです。

　内部統制監査対応コストを最小化したいのであれば，**マクロレベル・ミクロレベルの内部統制評価範囲の最適化**（第7章，第8章参照）を行ったうえで，評価対象となった項目については，適切な評価計画の立案，評価手続の実施，品質管理（ガイドラインの整備，査閲とフォローアップ），経営者，関係各所への報告体制，一連の作業の十分な記録が必要です。この点については後ほど詳述します。

(2)　全社的な内部統制の強化

　2つ目のポイントは，**全社的な内部統制**です。財務報告に係る内部統制報告制度（J-SOX）は，トップダウン型のリスク・アプローチ[※]の考え方を採用しています。

　　　※　まずコーポレートガバナンスなど企業グループ全体に係る内部統制（全社的な内部統制）を評価し，その評価結果を踏まえて，必要な範囲で各業務プロセスに係る内部統制の評価範囲を決定する考え方。

　この考えが内部統制監査対応の効率化に影響する大きな場面の1つが，「全

社的な内部統制の有効性」なのです。例えば，企業の全社的な内部統制が有効でないと，先述した自社評価の範囲拡大だけでなく，監査法人の監査手続範囲も広がってしまいます。

図表 4 - 2 - 1 　監査手続拡大の例

・資料の閲覧だけでなく，観察や再実施が必要となる
・一定の複数期間ごとのチェックではなく，毎期のチェックが必要となる
・グルーピングされた母集団ごとのサンプリングの不採用
・サンプル数の増加，またはサンプルチェックではなく全項目の精査

全社的な内部統制の評価結果	業務プロセスに係る内部統制の運用評価手続例		
	サンプル数	手続の種類	多店舗・支店等の場合の往査先の選定
有　効	小	質問や関係書類の閲覧が中心，重要な内部統制については観察や再実施も行う。	①　一定の複数会計期間ごとに一巡するように運用評価手続の実施先を選定する。 ②　業務内容や規模等に基づき個々の営業拠点の特性に応じグルーピングし，それぞれからサンプリングで往査先を選定する。
有　効でない	拡大	より強力な証拠を得られるように質問や関係書類の閲覧に加えて，より広範に観察や再実施を行う。	①　一定の複数会計期間ごとに一巡するように運用評価手続の実施先を選定することについては慎重に検討する。 ②　サンプリングの適用については慎重に検討する。

出所：監査の実務上の取扱い第138項

(3)　IT 統制の活用と IT 全般統制の強化

　3つ目のポイントは，**IT 統制の活用と，IT 全般統制の強化**です。IT 統制とは，IT を取り入れた情報システムに関するコントロールのことです。その名称から，システムによって自動化されたコントロールを連想しがちですが，IT 統制にはコンピュータ・プログラムに組み込まれ自動化されているコントロールのみならず，人の手とコンピュータ処理が一体となって機能するものも含まれます。

①　IT 全般統制を利用した評価手続・監査手続の簡素化

IT 全般統制（GITC：General IT Control, ITGC ともいいます）は，IT 業務処理統制が有効に機能する環境を保証するための統制活動です。

IT 業務処理統制（ITAC：IT Application Control ともいいます）とは，業務を管理するシステムにおいて，承認された業務がすべて正確に処理・記録されることを確保するために業務プロセスに組み込まれた統制で，勘定科目の適正性に直結する IT 統制です。IT を利用した情報システムにおいては，いったん適切な IT 業務処理統制を組み込めば，意図的に手を加えない限り，継続して機能する性質を有しています。

IT 全般統制は，この自動化された IT 業務処理統制が不正に改ざんされたりしないよう，運用状況の有効性を担保するためのコントロールといえるのです。

経営者は，このような IT 全般統制と IT 業務処理統制（のうち自動化された内部統制）の関係の特徴を利用して，関連する IT 全般統制の整備・運用状況が有効であることを事前に検証しておくことで，IT 業務処理統制の運用テストにおいて必要となるサンプル件数を減らすなど，自動化された IT 業務処理統制の運用状況の評価手続を簡略化・効率化することが可能です。

というのも，IT 業務処理統制は一度適切にプログラムされれば，その後不正に改ざん等されない限り，同じ処理を繰り返すので，膨大な取引量があったとしても理論上，母集団全体が完全に同質といえるからです。その結果，膨大な取引で構成される母集団の検証に必要なサンプル数もたった1件で済む，ということも理論上可能です。

ただし，筆者の経験上，監査法人等から IT 全般統制が「有効」である旨のお墨付きをもらうのは，実務上，ハードルが高い印象があります。しかしながら長中期的な観点から，評価作業の効率化を狙うのであれば，IT 全般統制を「有効」といえるレベルまで整備・運用していくべきと考えます。

なお，近年では外部データセンターやクラウドによる，サーバーやデータベースといったインフラの運用管理を外部委託する方法も普及しつつあります。このように IT 全般統制の一部分を外部委託している場合も，企業は自己の責任のもと評価が必要となる点注意が必要です。ただし，自社の代わりに第三者の専門家による委託先の内部統制評価報告書を入手する等の方法により，自己

の評価手続を代替することも可能です。

②　過年度の評価結果の利用および経営者評価の利用

　ITを利用した内部統制の評価は，ITを利用していない内部統制と同様に，原則として毎期実施する必要があります。

　しかし，先述のとおりITを利用して自動化された内部統制に関しては，一度内部統制が設定されると，変更やエラーが発生しない限り，一貫して機能するという性質があります。そのため監査人は，自動化された内部統制が過年度に内部統制の不備が発見されずに有効に運用されていると評価された際，**「評価された時点から内部統制が変更されてないこと」**，**「障害・エラー等の不具合が発生していないこと」**，**「関連するIT全般統制の整備および運用が有効と判断できる場合」**は，その結果を記録することで，当該評価結果を継続して利用することが可能です。なお，経営者評価においても同様の評価の省力化が可能と考えられます。また，監査法人監査においては，経営者評価で抽出したサンプルを監査証拠として利用することも可能となります。

実施基準Ⅲ.4.(2)②ハ

　前年度において，内部統制の評価結果が有効であったITに係る業務処理統制の運用状況の評価に当たっては，当該業務処理統制の整備状況に重要な変更がないなど新たに確認すべき事項がない場合，経営者が評価において選択したサンプル及びその評価結果を利用するなど効率的な手続の実施に留意する。

　なお，ITを利用した内部統制は一貫した処理を反復継続するため，その整備状況が有効であると評価された場合には，ITに係る全般統制の有効性を前提に，監査人においても，人手による内部統制よりも，例えば，サンプル数を減らし，サンプルの対象期間を短くするなど，一般に運用状況の検討作業を減らすことができる。また，ITを利用して自動化された内部統制については，過年度の検討結果を考慮し，検討した時点から内部統制が変更されていないこと，障害・エラー等の不具合が発生していないこと，及び関連する全般統制の整備及び運用の状況を検討した結果，全般統制が有効に機能していると判断できる場合には，その結果を記録することで，当該検討結果を継続して利用することができる。

監査の実務上の取扱い第165項

　ITを利用して自動化された内部統制については，内部統制監査の実施基準に

おいて「過年度の検討結果を考慮し，検討した時点から内部統制が変更されていないこと，障害・エラー等の不具合が発生していないこと，及び関連する全般統制の整備及び運用の状況を検討した結果，全般統制が有効に機能していると判断できる場合には，その結果を記録することで，当該検討結果を継続して利用することができる。」とされている。当該検討結果を何年間利用できるかについては一律の定めはないが，上記に加えて例えば，以下の事項を考慮して判断することになる。

- ・過去の監査手続の実施から得られた監査人の理解
- ・対象システムの複雑性
- ・当該 IT を利用して自動化された内部統制が組み込まれている業務プロセスの重要性

なお，前年度において，内部統制の評価結果が有効であった IT に係る業務処理統制の運用状況の評価に当たっては，当該業務処理統制の整備状況に重要な変更がないなど新たに確認すべき事項がない場合，経営者が評価において選択した当年度のサンプル及びその評価結果を利用するなど効率的な手続の実施に留意する。

(4)　重要な不備は監査工数を拡大させる

　4 つ目のポイントは，**「開示すべき重要な不備」に該当するような内部統制の不備や脆弱性を作らない，残さない**（万が一生じたとしても早期に改善する）ことです。しごく当たり前のことですが，巨額の横領や粉飾決算が発覚した企業はもちろんのこと，監査指摘による修正が多い企業など，企業の財務報告に係る内部統制に「開示すべき重要な不備」に該当するほどの不備がある場合，当然ながら**監査法人の統制リスク評価結果は極めて高くなるはず**です。統制リスクが高いということは，監査法人が許容できる発見リスクは低く設定せざるを得ず，内部統制の有効性を前提とした試査を代表とする，さまざまな効率的な監査手続ができなくなることを意味するわけです。この点については，下記基準等にも明示的に記載されています。

　自社に重要な不備があっても放置し，改善しないような"だらしない企業"と思われてしまうと，**本来かからないはずの余計な監査コストを毎年負担する**ことになりますので，まずは「開示すべき重要な不備」を作らないこと，万が

一，該当するような重要な不備が生じた場合には早期に改善することが，監査コスト最適化の観点からも重要です。

基準Ⅲ．2．

　財務報告に係る内部統制に開示すべき重要な不備があり有効でない場合，財務諸表監査において，監査基準の定める内部統制に依拠した通常の試査による監査は実施できないと考えられる。

監査の実務上の取扱い第221項

　財務報告に係る内部統制に開示すべき重要な不備があり内部統制が有効でない場合，財務諸表監査において，監査基準の定める内部統制に依拠した通常の試査による監査は実施できないと考えられるため，財務諸表監査の監査計画を修正しなければならない可能性が高い。

監査の実務上の取扱い第222項

　開示すべき重要な不備が発見された場合であっても，それが内部統制報告書における評価時点（期末日）までに是正されていれば，財務報告に係る内部統制は有効であると認めることができるが，財務諸表監査においては，監査対象期間のうち開示すべき重要な不備が是正される前の期間について，内部統制への依拠が限定的になる可能性がある。開示すべき重要な不備の是正状況を適時に確認し，内部統制に依拠できる範囲を検討する必要がある。開示すべき重要な不備の是正が評価時点（期末日）の直前に行われた等の場合には，財務諸表監査において大幅な追加手続が必要になることも考えられるため，開示すべき重要な不備の是正は，できるだけ早期に図られることが望ましい。

---

(5)　内部監査人等の利用

　最後5つ目に挙げられるのが，**監査法人に内部監査人等の作業を利用してもらう**ことによる監査対応効率化です。

　第1節では，監査法人が企業の内部監査の作業結果を利用することで，自身の財務諸表監査手続を省力化できる場合がある点（ただし，利用の判断は監査法人が行う）を説明しました。

　それでは，内部統制（J-SOX）監査においてはどうでしょうか？

　実は，内部統制監査の実施基準でも，「監査人は，内部統制の基本的要素であるモニタリングの一部をなす企業の内部監査の状況を評価した上で，内部監査の業務を利用する範囲及び程度を決定しなければならない。」とされており，内部監査人等の作業の利用が想定されています。

　ただし，財務諸表監査のように，監査法人自身の監査手続の範囲の縮小や省力化ではなく，監査法人の監査対象である，経営者の評価結果に対する監査証拠として，内部監査人等が評価の過程で利用したサンプルの全部ないし一部を監査法人の監査証拠として利用してもらう点で，少しニュアンスが異なります。

基準Ⅲ. 3.(8)
　監査人は，内部統制の基本的要素であるモニタリングの一部をなす企業の内部監査の状況を評価した上で，内部監査の業務を利用する範囲及び程度を決定しなければならない。

実施基準Ⅲ. 4.(6)③
③　内部監査人等の作業の利用
イ. 内部監査人等の作業の検証
　内部監査人等が内部統制の有効性の評価に関して作業を行っている場合，監査人は，内部監査人等の作業を自己の検証そのものに代えて利用することはできないが，内部監査人等の作業の品質及び有効性を検証した上で，経営者の評価に対する監査証拠として利用することが考えられる。
ロ. 内部監査人等の作業の検証にあたって実施すべき手続
　監査人が内部監査人等の評価作業の品質及び有効性を検証するに当たっては，例えば，以下の手続を実施する。
　a. 作業実施者の能力及び独立性の検討
　　監査人は，評価作業の実施者が適切な専門的能力を備えているかどうか，及び，評価を実施した業務から独立しているかについて検討する。
　b. 当該作業の一部についての検証
　　監査人は，内部監査等による評価作業の品質及び有効性を判断するため，その作業の一部について検証する。

監査の実務上の取扱い第13項
　内部統制監査の実践において，意見書がダイレクト・レポーティングを採用しないとしながらも，「内部統制の有効性の評価結果を全ての重要な点において適

正に表示しているかどうかについて，監査人自らが入手した監査証拠に基づいて判断した結果を意見として表明すること」を求めていることに留意すべきである。すなわち，基本的には，監査人は自ら適切な監査証拠を入手して行うこととなるが，監査人は，経営者が抽出したサンプルの妥当性の検討や経営者による作業結果の一部について検討を行った上で，経営者が評価において選択したサンプル及びその作業結果を自らの監査証拠として利用することができる。

　なお，ここで実施基準が規定している「内部監査人等」の「等」とは，内部統制チームなどの内部統制評価担当者，内部統制評価業務の外部委託先である専門家も含まれると考えられています。よって，以下では“内部監査人”＝“内部統制評価担当者”と考えることとします。

　また，金融庁が公表している「内部統制報告制度に関するQ&A」（以下「Q&A」）では，監査法人による，経営者の内部統制評価結果の利用について，以下のように示されています。

(問19)【経営者の評価結果の利用】

　監査人は，内部統制監査において，経営者の評価結果を何らかの形で利用することができるのか。例えば，経営者が評価において選択したサンプル及び当該サンプルについて経営者が行った評価結果を，監査人が何らかの形で利用することは可能か。

（答）

1．実施基準において，監査人は，内部監査人等の作業を自己の検証そのものに代えて利用することはできないが，内部監査人等の能力及び独立性を検討し，当該作業の一部について検証した上で，経営者の評価に対する監査における監査証拠として利用することはできるものとされている。

2．また，監査人は，統制上の要点として選定した内部統制ごとに，経営者が評価を行ったサンプルについても，サンプルが母集団を代表しているかやサンプルが無作為に抽出されているかなどサンプルの妥当性の検討を行った上で，監査人自らが改めて当該サンプルをサンプルの全部又は一部として選択し，当該サンプルについて，経営者が行った評価結果についても，評価方法等の妥当性を検証し，経営者による作業の一部について検証した上で，経営者の評価に対する監査証拠として利用することは可能であると考えられる。

　わが国の内部統制監査制度においては，監査法人の監査対象は経営者の内部統制評価結果であって，企業の内部統制の有効性それ自体ではありません（ダイレクト・レポーティングの不採用[※]）。ここで，企業の内部監査人等が経営者に代わり内部統制評価手続を実施している場合，内部監査人等の能力，独立性，サンプル抽出方法や摘要した評価手続の方法等を検討したうえで，内部監査人等が抽出したサンプルの全部または一部を，自己のサンプルとして，経営者評価が正しく行われているかについての監査証拠とすることができる，と示しているのです。

　　※　ダイレクト・レポーティングの不採用とは

　　　　わが国の内部統制監査は，企業（被監査会社）の内部統制の有効性自体について，監査法人が有効か否かの監査報告を行うものではなく，"経営者が行った自社の内部統制の有効性に関する評価結果が適切か否か"という観点で監査意見を表明します。つまり，財務諸表監査においては，企業の作成した財務報告それ自体の適正性が監査対象であるのに対し，内部統制監査の場合は，経営者による内部統制評価結果の適正性が監査対象となるのです。これを"ダイレクト・レポーティングの不採用"と呼び，企業の内部統制の有効性自体に監査意見を表明する本場アメリカのSOX制度と比べたときのJ-SOXの特徴の1つです。

　これは実は，企業側，特に現業部門にとって大きな監査対応負荷の軽減メリットになります。もし監査法人が内部監査人等の作業を利用しない（できない）場合，内部監査人等と監査法人それぞれから，別のタイミングで，似たような資料について別のサンプルを，しかも各何十件も依頼されることになります。その結果，現業部門担当はその資料準備に多大な時間を割かれるのを余儀なくされ，本業である業務の支障になることは容易に想像できます。そういう意味では，監査法人による内部監査人等の内部統制評価結果の利用を実現させることで，現業部門担当のサンプル資料準備の負荷は，（ゼロとまではいかないものの）大幅に削減できるのです（**図表4-2-2**参照）。

図表 4-2-2　独自サンプル数削減による負荷軽減

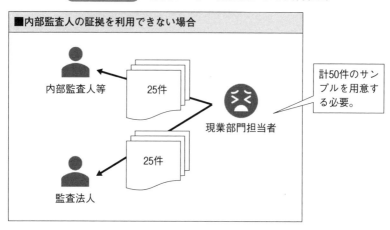

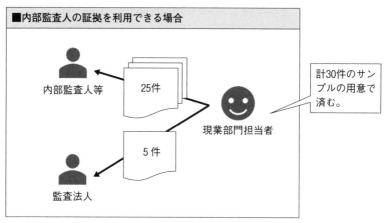

(6)　監査法人が内部監査人等を利用するための検討事項

「監査の実務上の取扱い」によると，監査法人が内部監査人等を利用する場合は，以下のような内部監査人等の作業の品質を検討することとされています。

- 内部監査人等の**作業の範囲**
- 内部監査人等の**作業の実施過程**
- 内部監査人等の**専門的能力**
- 内部監査人等の**独立性**

- 内部監査人等の**評価の記録の十分性**
- 内部監査人等の**評価の結果の適切性**

このうち，"専門的能力要件"や"客観性（独立性）要件"については，第1節を参照していただければと思います。また，"作業の範囲"については第7章，第8章にて詳しく解説します。そこで以下では，その他の留意点のうち，特に重要と考えられる内部監査人等の**"作業の実施過程"**，**"評価の記録の十分性"**，**"評価の結果の適切性"**についてそれぞれ解説していきます。

監査の実務上の取扱い第237項

　内部監査人等の作業を利用する場合は，利用を計画している内部統制が対応するリスクの程度，内部統制の性質（他の内部統制に与える影響を含む。）や重要性（特定のアサーション・レベルの重要な虚偽記載のリスクに対応する唯一の内部統制か，複数のアサーション・レベルの重要な虚偽記載のリスクに対応する内部統制か等），及び内部統制の運用並びに運用評価に必要な判断の程度と共に，次の事項に留意して内部監査人等の作業の品質を検討することが考えられる。

(1) 作業の範囲は目的を達成するのに適切か。
(2) 作業の実施過程は適切か。
(3) 作業実施者は適切な専門的能力を備えているか。
(4) 作業実施者は評価を実施した業務から独立しているか。
(5) 実施された作業は検証可能な形で記録として保存されているか。
(6) 結論は状況に照らして適切か。

---

① 内部監査人等の"作業の実施過程"の適切性

(a) 評価手続ガイドラインの整備と運用

　内部統制評価手続の品質維持のために欠かせないのが，"評価手続ガイドライン（ないしマニュアル）"です。内部統制評価業務は1年の特定の時期に集中的に評価作業を行うことが多くなりますので，少数のメンバーによって年間を通じて安定的に評価するというよりも，より多くの複数のメンバーによって業務分担を行いながら，同時並行的に評価作業を実施するケースも多いと考えられます。その際，評価実施担当者ごとに，サンプルの抽出方法や，評価の手法，調書記録の残し方や表現がバラバラでは，その後の査閲やフォローアップ

も大変で二度手間が生じるリスクもありますし，監査法人からの信頼も得られません。

（評価ガイドラインの主な目的）
- 担当者ごとの，評価作業の品質水準の安定化
- 監査法人からの自社評価作業への信頼の獲得
  （およびこれによる監査の効率化，監査工数の削減）

（代表的なガイドラインの例）
- 評価範囲決定ガイドライン
- 内部統制文書ガイドライン
- 整備状況評価ガイドライン
- 運用状況評価ガイドライン
- ロールフォワード評価ガイドライン
- 総合的評価ガイドライン

（評価ガイドラインで記載しておくべき事項の例）
- 評価の実施時期・期限
- 業務分担
- 評価対象範囲
- サンプリングルール
- 使用する評価手法
- 評価手続の結果作成する成果物（調書）とその様式

　各フェーズの手続の詳細については，筆者（浅野）の前著『今から始める・見直す　内部統制の仕組みと実務がわかる本』を参照いただければと思いますが，以下で"サンプリング"と"使用する評価手法"について，もう少し詳しく解説しておきます。

(b)　サンプリング

(i)　サンプリングとは

　サンプリングは，主に業務プロセスにおける内部統制の運用評価の際に用いられる方法です。例えば，複数の営業拠点などで統一的な規程に基づき一律の業務（内部統制行為）が行われている場合，当該内部統制の運用状況の有効性を確認するためには，本来対象年度に各拠点で発生した膨大な取引記録のすべてを評価する必要があります（これを「精査」といいます）。しかしながら，限られた時間と人材，コストですべての取引について評価を行うことは現実的ではありません。そこで，内部統制の運用評価の実施に際しては，「経営者は，原則としてサンプリングにより十分かつ適切な証拠を入手する」とされています（実施基準3.(3)④ロ）。

(ii)　精査と試査

　ところで，対象項目全件について検証を行う「精査」に対して，一部分のみを検証する方法として「試査」があります。そして「試査」はさらに「サンプリングによる試査」と「特定項目抽出による試査」に分けられ，内部統制評価に際しては「サンプリングによる試査」を用いることとされています。

　なお，「特定項目抽出による試査」というのは，母集団の中から金額的重要性のある項目など，特定の性格を有する項目のみを抽出し，検証を行う方法です。この手法では，抽出した特定項目についての結論を出すことはできますが，母集団全体としての内部統制の有効性に対する結論づけを行うことはできません。このようなことから，内部統制評価や監査においては，特定項目抽出による評価は通常予定されていません（監査の実務上の取扱い第153項）。

　ただし，あくまで筆者の見解ですが，後述する分析的手続と組み合わせることで，特定項目抽出による内部統制の有効性評価を行うこともありうるのではないかと考えます。すなわち，リスクの高い拠点や取引項目を，まずは分析的手続により識別し，当該リスクの高い項目を抽出したうえ重点的に検証する，といった方法はありうるのではないかと考えるわけです。

　このような場合でも，特定項目抽出の評価対象となった重点項目以外の項目（他の同質項目）については，サンプリングによる検証を行い，他の項目で構成されたより小さな母集団について結論づけを行う必要がある点，注意が必要

図表 4-2-3 サンプリングの位置づけ

検証方法

精査 ／ **試査**

サンプリング
- さらに統計的と非統計的に分かれる
- 母集団全体に対して結論づけが可能
- 評価対象の母集団は同質な項目から構成される前提

特定項目抽出
- 母集団に特定の異質な項目が含まれる場合に，当該特定の項目についてピンポイントで結論づけ
- 他の項目を含む母集団全体の結論づけはできない

内部統制評価においてはサンプリングが予定されている

図表 4-2-4 サンプリングと特定項目抽出のイメージ

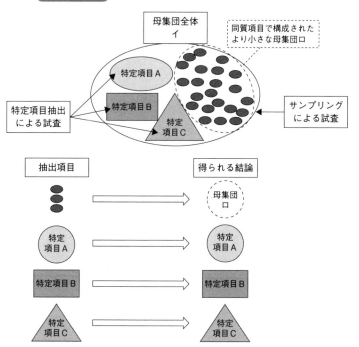

です。

　これら一連の評価手法の組み合わせにより，効率性を維持しながら，内部統制上の不備に対する発見力がより高まるのではないでしょうか。

監査の実務上の取扱い第153項

　業務プロセスに係る内部統制の運用状況の評価の検討のための手続は，基本的に，監査人自らが選択したサンプリング方法を用いた試査により適切な証拠を入手する方法で行われる（ただし，経営者が抽出したサンプルの利用については《Ⅲ　内部統制監査の意義》《2．監査アプローチの特性》参照）。なお，母集団を推定する必要があるため，特定項目を抽出する方法は，予定しない。サンプリング方法は，サンプリングに際して恣意性が排除される限りは，統計的サンプリングのみならず，非統計的サンプリングの手法も考えられるが，監査人は，個々の状況により，十分かつ適切な監査証拠を最も効果的かつ効率的に入手することができるかどうかにより判断する。

(iii)　監査工数削減のためのポイント

　次に，サンプリングの種類を確認したうえで，監査工数削減のポイントについて解説します。

　サンプリングには"統計的サンプリング"と"非統計的サンプリング"があります（監査基準委員会報告書530「監査サンプリング」参照）。

（統計的サンプリング）

　以下の2つの条件を満たすサンプリング。

　a　サンプルの抽出に恣意性の入らない無作為抽出法を用いること

　b　サンプルの監査（評価）結果に基づく母集団に関する結論を導き出すにあたって確率論の考え方を用いること

　統計的サンプリングの具体的方法としては，**無作為抽出法**や，**系統的抽出法**などがあります。

　• 無作為抽出法

　　乱数ジェネレーターなどを利用してサンプル抽出を行うサンプリング方法。

• 系統的抽出法

　　母集団を構成するサンプル単位数をサンプル数で割ることによってサンプル間隔を求め，同間隔ごとのサンプルを抽出する方法。最初のサンプルを乱数ジェネレーターや乱数表を用いて決定することで，その後のサンプルは同間隔で自動的に決定されることになる。

　統計的サンプリングのメリットは，より少ないサンプル件数で確度高く母集団に対する結論を導き出せることにあります。デメリットとしては，確率論を用いるため専門的知識を要し，またサンプル抽出手続等について事前準備が煩雑であるという側面があります。

（非統計的サンプリング）
　　統計的サンプリング以外のサンプリング。

　非統計的サンプリングのメリットは，サンプリング手続の実施が比較的容易であることです。デメリットとしては，サンプル抽出に際し経営者の恣意性が介入する可能性があるため，監査法人からの信頼性を確保しづらく，その結果，監査工数の削減につながらない可能性があります。

図表4-2-5　統計的サンプリングと非統計的サンプリング

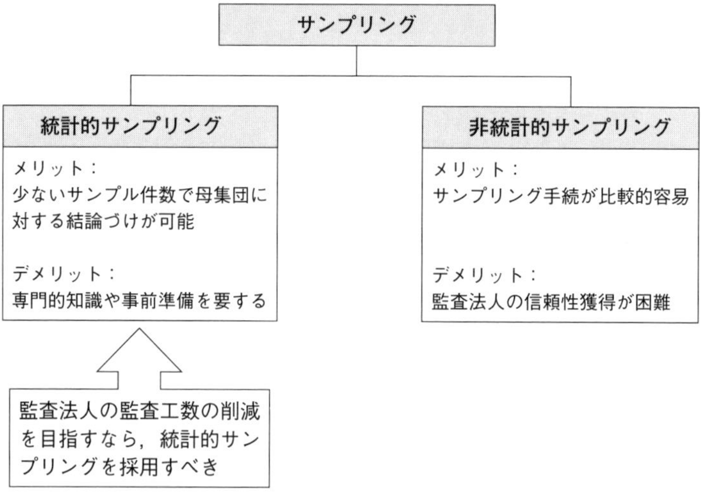

　内部統制報告制度上は，統計的サンプリングのみならず，非統計的サンプリングを採用する余地も認められています。

　しかしながら，自社の内部統制評価手法の品質について，監査法人からの信頼を獲得し，**監査工数を削減してもらうためには，恣意性の介入しない統計的サンプリングを採用しておくことが重要**と考えます。

監査の実務上の取扱い第158項

　その際，例えば，反復継続的に発生する定型的な取引について，経営者が無作為にサンプルを抽出しているような場合には，監査人自らが同じ方法で別のサンプルを選択することは効率的でないため，統制上の要点として選定した内部統制ごとに，経営者が抽出したサンプルの妥当性の検討を行った上で，監査人自らが改めて当該サンプルをサンプルの全部又は一部として選択することができる。さらに，当該サンプルについて，経営者が行った評価結果についても，評価方法等の妥当性を検証し，経営者による作業結果の一部について検証した上で，経営者の評価に対する監査証拠として利用することができる。

　なお，前年度において，内部統制の評価結果が有効であった業務プロセスに係る内部統制の運用状況の評価に当たっては，当該業務プロセスに係る内部統制の整備状況に重要な変更がないなど新たに確認すべき事項がない場合，経営者が評価において選択した当年度のサンプル及びその作業結果を利用するなど効率的な手続の実施に留意する。

(c) 使用する評価手法

(i) 伝統的な評価手法

　コントロールの有効性を評価するための代表的な手法には，以下のようなものがあります。

• 再 実 施

　　再実施とは，コントロールが機能することが想定される同様の行為を評価者が再現し，コントロールが想定どおりに機能するかを確認することで，内部統制の有効性を確認する手法です。再実施は，一般的には証拠力が最も強い手続ですが，通常相当の労力を要します。

- 観　　察

　評価者が，コントロールの実施されている実際の現場を詳しく見ることにより，内部統制の有効性を確認する方法です。観察も，通常は実際にコントロールが実施されている現場に赴く必要があり，労力を要します。

- 閲覧・調査

　コントロールの一環で作成，入手されたエビデンス（検討結果の文書，承認結果の文書，取引を記録した文書，関係者，取引先から入手した文書等）について，コントロール実施の証跡を詳細に閲覧，調査することで，内部統制の有効性を確認する方法です。

- 質　　問

　評価者が現場担当者などのコントロール実施者に対して質問・ヒアリングを実施し，内部統制の有効性に関する心証を形成する手法です。

　ただし，質問は，一般的に証拠力が弱い手法とされているため，他の手続が採用可能な場合は，積極的に用いるべきではありません。また，質問を採用する場合にも，証拠力を高めるために，複数名の担当者に質問するか，観察などの他の評価手法と組み合せて実施することが望まれます。

(ii)　分析的手続との組み合わせによる効率化

　上記の伝統的評価手法に，先述の分析的（実証）手続を組み合わせることで，より効果的かつ効率的な内部統制評価が行える可能性があります。例えば，分析的（実証）手続を用いてあらかじめ重要な虚偽表示リスクがある領域を洗い出し，重点的に検証すべき内部統制を特定することで，すべての統制に同一・同量の評価作業を行う場合と比べ，評価手続を効率化できる可能性があります。

②　評価の記録の十分性

　内部統制評価の記録の十分性においても，内部監査調書と同様，第三者（上長や監査法人）が事後的に内容を理解できるようにしておく必要があります。具体的には，**図表4-2-6**のような項目を評価調書（ないし評価範囲決定調書や評価手続ガイドライン）として記録しておく必要があります。

図表4-2-6　文書化の際の注意点

- 評価範囲の決定過程・根拠
- 整備・運用・ロールフォワードなど，各フェーズ評価手続の手順書（ガイドライン）
- 年度の評価計画・スケジュール
- 各評価対象プロセスにおいて，評価している財務報告リスクと対応する統制（コントロール）の状況
- 統制（コントロール）に対する評価手続計画
- 評価対象となる母集団にかかる情報
- 母集団から抽出したサンプル情報，およびサンプル件数
- 評価手続の結果・発見事項
- 評価対象となった各統制（コントロール）に対する結論
- 評価対象となった各リスクに対する結論
- 評価作業実施者・実施日
- 査閲者・査閲日

③　評価の結果の適切性

　評価結果は，単に評価手続で得た情報をありのまま記載するだけではなく，その証拠に示された事実に基づき，専門家としての判断を踏まえ，対象となる統制（コントロール），さらには統制が対応する財務報告リスクレベルで，「有効か否か（または該当ないか）」を結論づける必要があります。

　そのためには「有効性の判断基準」が必要です。評価手続計画立案の段階から，対象となる内部統制が有効といえるためには，「どの資料の，どの部分が，どうなっていたら，有効と判断し，そうでない場合は非有効となるのか」といった「有効性の判断基準」を十分に考慮のうえ手続計画を立案する必要があります。

第5章
決算・監査対応を省力化するための経理業務改革

　本章では，決算・監査対応を省力化するための経理業務改革のアイデアについてご紹介します。これらの取組みは，筆者がふだん決算早期化を実現するための施策として企業現場に取り入れているものです。しかしながら，これらの取組みによって，決算・開示までの工数が圧縮されますので，結果として決算・監査対応コストの削減にもつながるはずです。

この章のポイント

- 業務を「横串し」にする
- 決算資料を減らす
- 分析を徹底する
- 業務を「マクドナルド化」する
- 事前準備を徹底する
- 会計監査を理解する，会計監査に協力する

第1節 決算・監査コストが増加する理由

　開示までを含む決算に関するコストが増加する主たる理由は，決算の「工数」の増加にあります。監査コストが増加する理由も，監査の「工数」が増加していることによります。第2章でも述べたとおり，基本的に，監査報酬は「チャージレート」に「監査工数」を乗じて決まります。「チャージレート」は毎期ほぼ一定ですから，監査報酬は「監査工数」に比例して増減することになります。

　そのため，決算・監査コストを最適化するためには，（業務フローを改善したり，人を採用したり，システム改修したりすることも一定の効果があるかもしれませんが）まずは自社の決算・監査の「工数」が増加している根本的な理由を分析し，その改善策を練る必要があります。

　本節（第1節）では，決算・監査の工数が多い理由を説明し，次節（第2節）で決算・監査の工数を削減する方法を述べていきます。

　筆者は，これまで多くの企業の経理担当者と何度も面談・対話をし，決算スケジュールを分析し，決算資料も分析してきました。そうすると，決算工数がかかっている企業には共通した特徴があることがわかってきました。まず，そういう企業の決算は，「無駄」や「重複」が多いという特徴があります。その一方で「やるべきことをやっていない」という特徴もあります。

　つまり，「やるべきこと」をやらず，「やらなくていいこと」を一生懸命にやっているといえます。そして，「やらなくていいこと」を効率化しようとしています。本来は，「やらなくていいこと」を止めて，「やるべきこと」を効率的に実施しなければなりませんが，「やらなくていいこと」と「やるべきこと」の区別・理解ができていない経理担当者が多いように思います。

　決算工数が多い企業に共通した特徴としては，具体的にいえば，**図表5-1-1**の6つを挙げることができます。

図表5-1-1　決算・監査の工数が多い理由

```
(1)  業務が「縦割り」になっている
(2)  決算資料が多い，わかりづらい
(3)  財務分析が甘い（やっていない）
(4)  業務が「属人化」している
(5)  事前準備をしていない
(6)  監査を監査法人に丸投げしている
```

以下，それぞれについて説明していきます。

(1)　業務が「縦割り」になっている

　組織が大きくなると，会社の中に複数の「部」が生まれ，「部」の中に複数の「課」が生まれ，「課」の中に複数の「チーム」が生まれ，業務が縦割りになっていきます。

　「縦割り行政」には，権限と責任の所在を明確にし，各人の専門性を活かせる等のメリットがありますが，そのようなメリットを発揮できるのは数百人，数千人，数万人といった巨大組織だけではないでしょうか。大半の上場企業の経理部は数名，多くても10名〜20名の小さな組織です。このような小さな組織において，過度の「縦割り行政」は，一体として実施すべき決算業務を過度に細分化することになり，効率性，生産性等のあらゆる面においてデメリットのほうが大きいといわざるを得ません。

　例えば，上場企業の中に，こんな企業があります。

- 決算短信は経理部が作成するが，有価証券報告書は総務部で作成する。
- 有報の【経理の状況】は経理部で作成するが，他の章は総務部で作成する。
- 有報等は経理部で作成するが，決算説明資料は経営企画部が作成する。
- 有報等は経理部で作成するが，その他のIR資料はIR部門が作成する。
- 単体決算・単体開示資料は経理部で作成するが，連結決算・連結開示資料は経営企画部が作成する。
- 財務会計は経理部が実施するが，管理会計は経営企画部が実施する。

　このように，決算・開示業務を「部」をまたいで実施している企業が少なくありません。連結決算や開示業務を複数の「部」で実施したり，財管（財務会計と管理会計）を異なる「部」で実施したりすることにより，開示の際に「すり合わせ」や「財管照合」なる作業を実施している企業もあります。なぜこのような非効率なことをやっているのか不思議でなりません。売上高数千億円〜数兆円という超巨大企業ならば「部」を分けて業務を実施するメリットがあるかもしれませんが，そうでないならば数字はすべて経理部が握るべきだと思います。決算業務に関する各部署の業務分担を見直すだけでも，決算の工数を減らすことができ，決算発表を前倒しできるのではないか，というケースが見受けられます。

　また，同じ経理部内においても，「単体決算チーム」「連結決算チーム」「開示チーム」とチーム（もしくは「課」）に分けて実施している経理部が多いですが，単体と連結，決算と開示の担当者・業務が分断してしまい，非効率を生んでいます。特に，決算と開示の担当者・業務が分断している企業は，開示業務の工数が増大し，決算発表が遅いという傾向があります。

　つまり，「縦割り行政」になっている企業（の経理部）は，以下のような共通した特徴が見られ，総じて決算・監査の工数が増え，決算・監査コストが増加し，決算発表が遅いといえます。

---

① 　細分化された業務を割り当てられた各担当者が，経理部の全体像や決算のゴールを見ずに仕事をすることにより，
  - 担当者が「やるべきこと」の全体像を把握していない
  - 担当者が「やらなくていいこと」にも力を注いでしまう
  - 単体と連結の業務が分断されてしまう
  - 決算と開示の業務が分断されてしまう
  - 経理部全体としての作業効率化を図ることができない
② 　決算のゴールから逆算した決算・開示・監査が実施できず，全体最適を図ることができないことにより，
  - 決算・監査の工数が増える
  - 決算・監査の資料が増える

> ● 決算の業務が属人化する
> ● 決算の資料が属人化する

　業務は「縦割り」で実施するのではなく，「横串し」を刺さなければなりません。その方法は次節（第2節）で詳述します。

(2)　決算資料が多い，わかりづらい

　(1)でも述べたとおり，決算工数が多い企業は，決算・監査の資料（以下「決算資料」）が多いという特徴がありますが，それだけではなく，決算資料がわかりづらく，複雑であるという特徴もあります。これは，会社規模や業種は関係ありません。

①　決算資料が多い

　まず，決算資料の分量が多いという特徴があります。管理部門の中でも，経理部門の中でも，業務が縦割りになっているため，各担当者が経理部の全体像を見ず，また，決算のゴールから逆算した思考をせず，自分の好き勝手な決算資料を作成しています。そのため，担当者が増えれば増えるほど，担当者が変われば変わるほど，年次が経てば経つほど，決算資料が増え続ける，という企業が多く見受けられます。経理部内の共有フォルダ内に，1回の決算に数百種類のエクセルファイル，数千枚のエクセルシートを収納・保存している企業がありますが，本当にそれだけの決算資料が必要でしょうか。ファイル数もシート数も1桁多いと思います。

②　決算資料がわかりづらい

　次に，決算資料がわかりづらく，複雑であるという特徴があります。ここでいう「複雑」とは，(a)内容の複雑さ，(b)見た目の複雑さ，の2つがあります。
　(a)内容の複雑さとは，第三者が見てわからない資料のことをいいます。決算資料は，必ず第三者（上司，同僚，部下，監査法人など）が見るため，第三者が見てわかる資料を作成しなければなりません。しかし，現状として，決算工数がかかっている企業の多くは，第三者が見てわかる決算資料を作成しておら

ず，決算資料が属人化しています。

　属人化している決算資料とは，以下のようなものを指します。

- 決算資料の作成意図，目的がわからない
- 具体的な内容，算定方法がわからない
- 内容の理解，解釈に時間を要する
- 記載されている数値の根拠，出所，リファレンスがわからない
- 作成者しかわからない計算式，関数を多用している
- １つのセルに複数の計算式，複雑な計算式を入れる
- エクセルシートにマクロを組む
- 最終成果物と「一対一」で紐づかない

　このような決算資料ばかりを作成していたら，第三者によるチェックも，監査法人による監査もスムーズに実施できません。決算・監査の工数が増えるのは当然です。

　(b)見た目の複雑さとは，簡単にいえば，センスがない資料のことをいいます。決算資料にセンスが必要なのかと思われるかもしれませんが，第三者が見る資料にセンスが要求されるのは当然のことです。決算資料を作成する限りは，「見やすさ」「わかりやすさ」「伝わりやすさ」を満たした資料を作成しなければならず，そのような決算資料作成のセンスと技術を磨くべきです。

　センスがない資料とは，以下のようなものを指します。

- テンプレートがバラバラ
- フォント，文字の大きさ，罫線の使い方，背景色の使い方などがバラバラ
- フッター・ヘッダーの使い方がバラバラ
- ファイル名・シート名の付け方がバラバラ

　筆者はかつて監査法人に在籍していましたが，「監査がやりやすいクライアント」と「監査がやりにくいクライアント」に二分されていました。「監査がやりやすいクライアント」とは，すべての決算資料のテンプレートなどが統一

されており,「見てすぐわかる」というものを作成している企業でした。他方で,「監査がやりにくいクライアント」とは,すべての決算資料のテンプレートなどがバラバラで,見てもすぐには理解できない,理解するのに相当な時間を要するものを作成している企業でした。監査人としては,相当な時間をかけて理解に努めても理解できないものは,クライアントに質問しなければなりません。その時間も相当なものです。つまり,センスがない資料を作成することは,(各担当者の作業工数は減るかもしれませんが)全体としての決算・監査の工数を確実に増やすことになります。

　決算資料は,分量を減らすとともに,シンプルにしなければなりません。その方法は次節(第2節)で詳述します。

(3)　分析が甘い(やっていない)

①　決算工数が増える2つの理由

　決算発表が遅い企業は,分析が甘い(もしくは,分析をやっていない)という共通した特徴が見られます。分析を一切せず,「分析は監査法人がやるもの」と思っている企業もあります。分析をやっていても,試算表ベースでB/SとP/Lの2期比較分析で留まり,それ以上掘り下げた分析を一切やっていない企業もあります。分析を実施していても,分析結果をドキュメントしていないという企業もあります。

　なぜ,分析が甘い(もしくは,分析をやっていない)と決算発表が遅くなるのでしょうか。それは,以下の2つの理由により,決算・監査の工数が増えるからです。

---

① 各利害関係者への価値ある情報を,タイムリーに提供・報告することができないため
② 財務諸表上の異常点が発見できないため

　筆者は,経理部とは,「社内外から入手した情報を加工・変換し,各利害関係者の求めに応じて,情報を提供・報告する部署である」と定義しています。一般の製造業と同じように,仕入れたものを加工・変換し,付加価値を付けて

出荷することが経理部における決算業務であるといえます。

　つまり，経理部は，「投資家」に対して「決算短信」を公表さえすればよい
のではなく，**「あらゆる利害関係者」に対して，価値のある「あらゆる情報」
をタイムリーに提供できるように決算・監査を通して準備しなければなりませ
ん**。それは，あらかじめ与えられた決算短信，有価証券報告書などの雛形に数
値を入力していくことではありません。企業を取り巻く「あらゆる利害関係者」
が何を求めているのかを考え，彼らの期待を超える情報を編集し，期待を超え
るスピードで発信していく準備をしなければなりません。これこそが，経理部
の仕事であり，経理部の本分です。

②　分析は決算業務の１つ

　単体試算表や連結精算表を作成することが決算業務のゴールになっている企
業がありますが，これでは「あらゆる利害関係者」に対して，価値のある「あ
らゆる情報」をタイムリーに提供することはできません。ディスクロージャー
の目的を達成するためには，単体試算表や連結精算表を作成した後に，**図表5
-1-2**の３つの業務を実施しなければなりません。

図表5-1-2　決算業務の３つの業務

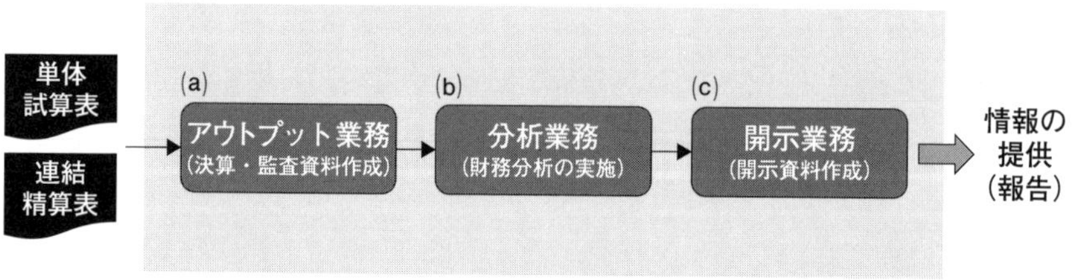

　まずは，(a)アウトプット業務（決算・監査資料作成）です。これは，会計シ
ステムから勘定科目明細書などを出力することではありません。後工程である
(b)分析業務，(c)開示業務に役立ち，さらに監査に有用性のある決算資料をエク
セルシートで作成する業務をいいます。後工程に(b)分析業務を実施しなければ
なりませんので，(a)アウトプット業務を実施する際には，単年度の残高・損益
のみが掲載されている勘定科目明細書などを作成しても意味はありません。過

年度の数値との趨勢がわかる明細を作成する必要があります。多くの企業が，前期（末）と当期（末）の２期比較分析しか実施していませんが，２期比較だと「異常値に対する正常値」や「正常値に対する異常値」がわかりづらいため，分析の精度は下がります。分析に役立つ資料を作成するのであれば，長期のトレンドが追える資料を作成しなければなりません。四半期ベースで作成するのであれば，最低でも８〜12四半期のデータを並べるべきですし，年次ベースで作成する場合は，最低でも３〜５年のデータを並べるべきです。

　そのうえで，(b)分析業務（分析の実施）を実施します。どのように分析を実施するのかは第３章で説明したとおりですが，次節（第２節）でも詳述します。

　(b)分析業務（分析の実施）が終われば，最後に(c)開示業務の実施です。

　繰り返しますが，決算発表が遅い企業は，分析が甘い（もしくは，分析をやっていない）という共通した特徴が見られます。

　分析を十分に実施していないということは，過年度の数値との趨勢（変動理由）を言語化できていないということですから，「あらゆる利害関係者」に対して，価値のある「あらゆる情報」をタイムリーに提供することは困難になります。開示業務に要する工数も増え，ディスクロージャーの精度も下がります。また，会社側で分析を十分に実施していなければ，リスク・アプローチにより実施する会計監査に係る工数が増えることになります。不正・誤謬といった異常点を発見することも困難であるため，監査法人からの指摘や監査修正も増えると思われます。

　これらの「分析が甘い」ことにより増える決算や監査の工数は，それにより浮いた工数の何倍にもなるはずです。分析は，決算の主たる業務（アウトプット業務，分析業務，開示業務）の１つであるとの意識が必要です。あらかじめ作成する決算スケジュール表に，単体試算表・連結精算表が完成すると同時に分析を実施する工数を織り込んでおくべきです。

(4)　業務が「属人化」している

　経理部長，経理課長や特定の経理部員が決算業務を握り締めている（属人化している）という企業は少なくありませんが，そのような企業で決算早期化（30日以内開示）を実現させている企業はないと思われます。

　決算業務が属人化している企業は，当然のことながら決算資料が属人化しています。属人化した決算資料は，実務経験豊富な経理部員や会計監査人であっても，読解・解釈するのに時間を要しますし，時間をかけても読解・解釈できないものもあります。読解・解釈できなければ，作成者に聞くしかありません。そうやって，決算・監査の工数が増えることになります。

　属人化が「進化」しすぎている企業では，もはやその業務は他の経理部員が理解することも触れることもできず，これまでの担当者が引き続き抱え込むしかなくなります。その属人的状況が続くと，業務が「ブラックボックス化」するため，他の経理部員がいつまで経っても育たないという問題も生じます。他の経理部員が育たないため，決算処理や開示項目が増えれば，ますます特定の担当者に業務が集中していき，さらなる属人化が進む，という「負のスパイラル」にはまり込んでいくことになります。他の経理部員は定時に帰宅するのに，特定の経理担当者は延々と残業しているという光景をよく見かけます。

　経理部のベテランの方は，能力・経験の乏しい部員に仕事を振るよりも，「自分でやったほうが早い」と思い，業務を握りしめているのかもしれません。しかし，上述のとおり，決算業務の属人化は，決算の工数を増やすだけでなく，経理部員が育たず，経理部の質の低下につながります。**属人化は「悪」**だと思ったほうがよいでしょう。

　決算業務が「属人化」している企業は，「脱属人化」「標準化」を目指さなけ

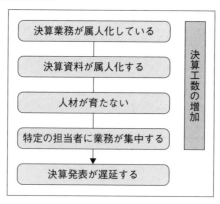

図表5-1-3　業務が属人化していることの弊害

ればなりません。その方法は次節（第2節）で詳述します。

(5)　事前準備をしていない

　決算発表が遅い企業は，決算前に決算に向けての「事前準備」を十分にやっていません。3月期決算の企業において，「決算業務は4月1日から開始する」と思っている方が少なからずおられますが，3月期決算の企業の決算業務を4月1日から開始しなければならないというルールはどこにもありません。

　決算業務のみならず，日常的に実施すべき業務（日常業務）まで4月1日以降にまとめて実施している企業もあります。例えば，売上伝票を4月1日以降にまとめて起票している経理担当者を見ることがあります。決算中にまとめてやったほうが効率的だと思っているのかもしれませんが，そのような企業は当然に4月1日以降の業務がオーバーフローの状態となり，決算発表が遅れます。

　決算工数の削減を実現している企業は，事前準備を徹底して行っています。事前準備の具体的な方法は次節（第2節）で詳述します。

(6)　監査を監査法人に丸投げしている

　決算工数の削減を実現している企業は，監査法人が期末監査で訪問する「日数」は短く，決算工数が多い企業は「日数」が長いという傾向があります。なぜ期末監査が長期化するのでしょうか。

　それは，以下のような理由によります。

- 単体試算表や連結精算表の完成が遅い
- 単体試算表や連結精算表の精度が低い（修正が多い）
- 決算資料がわかりにくい
- 決算資料が網羅的に作成されていない
- 決算資料が監査に使えない
- 決算資料が最終成果物と紐づいていない
- 企業側で分析を実施していない（分析結果をドキュメントしていない）
- 決算短信，有報のドラフトの完成が遅い
- 決算短信，有報のドラフトの精度が低い（修正が多い）

　結局のところ，**図表5-1-2**で述べた3つの決算業務（アウトプット業務，分析業務，開示業務）を十分に実施しておらず，ゆえに，異常点発見のための分析も実施しておらず，これらの一連の業務を監査法人に丸投げしているから期末監査が長期化するのです。

　決算工数の削減を実現している企業は，会計監査を監査法人に丸投げするということはありません。①会計監査の目的，方法，手続などを理解し，②期末監査が始まる前に「セルフ監査」を実施し，③「完成された試算表」などを用意したうえで，監査法人を迎え入れます。決算発表が遅い企業で，ここまでの体制が取れているところはないと思われます。

　監査の「日程」を縮めるにも，「工数」を減らすにも，「前倒し」で実施してもらうためにも，企業側の監査への理解と，受入体制の改善が必要です。具体的な方法は次節（第2節）で詳述します。

第2節　決算・監査の工数を削減する方法

　前節では，決算・監査の工数が多くなる6つの理由を説明してきました。本節で決算・監査の工数を削減する6つの方法を述べていきます。

　決算・監査の工数を削減するには，前節で述べた決算・監査の工数が多くなる6つの理由の「逆」のことをする必要があります（**図表5-2-1**）。例えば，

図表5-2-1　決算・監査の工数を削減する方法

決算・監査の工数が多い理由	決算・監査の工数を削減する方法
(1) 業務が「縦割り」になっている	(1) 業務に「横串し」を刺す
(2) 決算資料が多い，わかりづらい	(2) 決算資料を減らす，シンプルにする
(3) 財務分析が甘い（やっていない）	(3) 財務分析を徹底して実施する（セルフ監査を実施する）
(4) 業務が「属人化」している	(4) 業務を「マクドナルド化」する
(5) 事前準備をしていない	(5) 事前準備を徹底する
(6) 監査を監査法人に丸投げしている	(6) 監査を理解する，監査に協力する

業務が「縦割り」になっていることにより決算・監査の工数が多くなっているのであれば，業務に「横串し」を刺す必要があります。決算資料が多く，わかりづらいことにより決算・監査の工数が多くなっているのであれば，決算資料を減らし，シンプルにする必要があります。

(1)　業務に「横串し」を刺す

「縦割り行政」になっている企業（の経理部）は，決算・監査の工数が増えます。工数を削減するためには，業務の「縦割り」をやめ，「部」「課」「チーム」ごとに分断された業務を，一体的に実施するように一元化しなければなりません。
　具体的に以下の改善が必要となります。

> ①　「部」をまたいで実施している決算業務を，経理部に一元化する
> ②　経理部内で分断している単体決算・連結決算・開示業務を一元化する

　①は，部署を横断した改善が必要になるため，管理部門全体における横断的，かつ，トップダウンの改善プロジェクトが必要となります。場合によっては，人材の配置転換なども必要となるため，短期間では成果が出づらいプロジェクトとなります。しかし，本来は一体として実施すべき決算業務を過度に細分化することにより工数の増大を招いている場合は，組織構造にも手を付けることを検討すべきです。
　②は，経理部内のみの改善プロジェクトとなりますので，①よりは容易で，短期間で大きな成果が期待できます。
　多くの企業が，単体と連結，決算と開示の担当者・業務が分断しており，これが工数増大の要因となり，決算遅延の原因となっています。**図表 5 - 2 - 2** は実際の上場企業の決算スケジュール表ですが，このA社とB社は，単体担当者，連結担当者，開示担当者がそれぞれ分かれており，単体担当者は開示業務には従事せず，連結担当者も開示業務には従事していません。そのため，開示担当者は，単体試算表や連結精算表が締まった後，ゼロから開示基礎資料の作成に取り掛かります。単体・連結決算に従事していない開示担当者が，開示に必要な情報を拾いにいかなければならないため，開示業務の工数が膨れ上がるのです。

図表5-2-2　決算発表が遅い会社・早い会社の決算スケジュール表

A社

	月	日	曜日	単体	連結	開示	監査
1	4	1	金				
2		2	土				
3		3	日				
4		4	月				
5		5	火				
6		6	水				
7		7	木				
8		8	金				
9		9	土				
10		10	日				
11		11	月				
12		12	火				
13		13	水				
14		14	木				
15		15	金				
16		16	土				
17		17	日				
18		18	月				
19		19	火				
20		20	水				
21		21	木				
22		22	金				
23		23	土				
24		24	日				
25		25	月				
26		26	火				
27		27	水				
28		28	木				
29		29	金				
30		30	土				
31	5	1	日				
32		2	月				
33		3	火				
34		4	水				
35		5	木				
36		6	金				
37		7	土				
38		8	日				
39		9	月				
40		10	火				
41		11	水				
42		12	木				
43		13	金	決算発表			
44		14	土				
45		15	日				

B社

	月	日	曜日	単体	連結	開示	監査
1	4	1	金				
2		2	土				
3		3	日				
4		4	月				
5		5	火				
6		6	水				
7		7	木				
8		8	金				
9		9	土				
10		10	日				
11		11	月				
12		12	火				
13		13	水				
14		14	木				
15		15	金				
16		16	土				
17		17	日				
18		18	月				
19		19	火				
20		20	水				
21		21	木				
22		22	金				
23		23	土				
24		24	日				
25		25	月				
26		26	火				
27		27	水				
28		28	木				
29		29	金				
30		30	土				
31	5	1	日				
32		2	月				
33		3	火				
34		4	水				
35		5	木				
36		6	金				
37		7	土				
38		8	日				
39		9	月				
40		10	火				
41		11	水				
42		12	木				
43		13	金	決算発表			
44		14	土				
45		15	日				

X社

	月	日	曜日	単体	連結	開示	監査
1	4	1	金				
2		2	土				
3		3	日				
4		4	月				
5		5	火				
6		6	水				
7		7	木				
8		8	金				
9		9	土				
10		10	日				
11		11	月				
12		12	火				
13		13	水				
14		14	木				
15		15	金				
16		16	土				
17		17	日				
18		18	月				
19		19	火				
20		20	水				
21		21	木				
22		22	金				
23		23	土				
24		24	日				
25		25	月				
26		26	火				
27		27	水				
28		28	木	決算発表			
29		29	金				
30		30	土				
31	5	1	日				
32		2	月				
33		3	火				
34		4	水				
35		5	木				
36		6	金				
37		7	土				
38		8	日				
39		9	月				
40		10	火				
41		11	水				
42		12	木				
43		13	金				
44		14	土				
45		15	日				

出所：武田雄治著『決算早期化の実務マニュアル〈第2版〉』（中央経済社）をもとに筆者一部編集

他方で，**図表5-2-2**のX社は，単体決算と単体開示業務，連結決算と連結開示業務が平行して実施されていることがわかります。この企業は単体担当者が単体の開示業務を平行して実施し，連結担当者が連結の開示業務を平行して実施しています。開示に専属して実施する担当者はいません。そのため，単体決算や連結決算が終わるタイミングで，単体と連結の開示基礎資料がほぼ完成しており，すぐに決算短信の作成に取り掛かることができます。結果として，30日以内開示を実現しています。

経理部内で分断している単体決算・連結決算・開示業務を一元化するためには，**経理部員全員が「枝を見る視点」から「森を見る視点」へと視点を変えなければなりません**（図表5-2-3）。決算早期化を実現している企業と，決算発表が遅い企業との最大の違いは，この「視点」の違いです。決算早期化を実現している企業は，最終成果物（有報，短信等）を把握・理解し，最終ゴールから逆算して決算・開示業務を実施しています。他方で，決算発表が遅い企業は，自分が担当する業務しか見ていません。決算担当でありながら，自社の最終成果物を見たことがない人は多くいます。

法定開示資料のみならず，自主的に開示しているものや，管理会計に関する資料も含め，あらゆる最終成果物をまずは把握・理解し，それらを開示するために，単体決算・連結決算を実施しながらどのような情報を取らなければならないのか，どのような決算資料を作成しなければならないのか，**「ゴール逆算思考」**で決算全体を見渡さなければなりません。

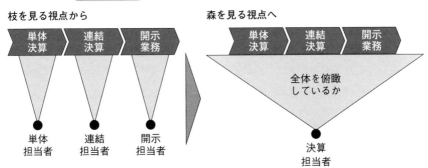

図表5-2-3　「枝を見る視点」から「森を見る視点」へ

(2) 決算資料を減らす，シンプルにする

　決算・監査の工数を削減するためには，決算資料の分量を極限まで減らし，かつ，決算資料を極限までシンプルにすべきです。上述のとおり，1回の決算に数百種類のエクセルファイル，数千枚のエクセルシートを収納・保存している企業がありますが，数分の1から10分の1の分量に減らすことが可能と思われます。決算資料の分量が10分の1になれば，決算・監査の工数は劇的に削減することができます。決算資料の分量を減らしただけで，決算早期化を実現した企業もあります。

　決算資料が多くなり，複雑になるのは，決算資料作成方法・保存方法の部内ルールがないからです。ルールがないから，各担当者が好き勝手に決算資料を作成し，好き勝手な方法で保存します。担当者が増え，担当者が変わり，年次が経つほど，共有フォルダ内がカオス状態になっていきます。

　決算資料作成方法・保存方法の部内ルールを設ける場合，以下の「4要件」を満たさなければなりません（この「4要件」を満たさないものは作成・保存してはなりません）。

■**決算資料作成の要件**
　① 決算資料は，第三者が見てわかるもののみを作成すること
　② 決算資料は，網羅性があるもののみを作成すること
　③ 決算資料は，有用性があるもののみを作成すること
■**決算資料保存の要件**
　④ 決算資料は，体系的に保管すること

----

　①まず，決算資料は，第三者が見てわかるもののみを作成する必要があります。属人化した資料を作成してはなりません。第三者が見てわかる決算資料を作成するためには，誰が見ても内容がすぐにわかることのみならず，センスがある資料を作成する必要があります（**図表5-2-4**参照）。

　②また，決算資料は，網羅性があるもののみを作成する必要があります。ここでいう「網羅性」とは，(a)モレがないこと（開示に必要な資料を「すべて」

図表 5 - 2 - 4　**第三者が見てわからない決算資料，第三者が見てわかる決算資料**

第三者が見てわからない決算資料	第三者が見てわかる決算資料
作成者しかわからない資料	**誰が見てもわかる資料**
(例)	(例)
・アウトプット資料の作成の意図，目的が不明	・アウトプット資料の作成の意図，目的が明確
・具体的な内容，算定方法等が作成者にしかわからない	・誰が見てもわかる内容
・作成者しかわからない計算式，関数を多用	・計算式・関数の使用は最小限
・１つのセルに複数の計算式，複雑な計算式を入れる	・１つのセルに１つの計算式
・エクセルシートにマクロを組む	・マクロは使用しない
・記載されている数値の根拠やリファレンスが不明	・記載されている数値の根拠やリファレンスが明確
センスのない資料	**センスがある資料**
(例)	(例)
・フォント，文字の大きさ，罫線の使い方，背景色の使い方，ヘッダー・フッターの使い方が作成者ごとにバラバラ	・フォント，文字の大きさ，罫線の使い方，背景色の使い方，ヘッダー・フッターの使い方が社内で統一

出所：武田雄治著『「経理」の本分』（中央経済社）より。一部表現を変更している。

作成していること），(b)ダブリがないこと（作成資料に重複がないこと），(c)無駄がないこと（作成意図・目的が明確でない資料がないこと），の３つを満たすことをいいます。

　決算資料の分量が多い企業，共有フォルダがカオス状態の企業，決算発表が遅い企業の多くは，この「網羅性」に大きな問題を抱えています。あらゆる決算早期化・効率化対策の前に，決算資料の全面的な見直しを進めるべきです。

　③次に，決算資料は，有用性があるもののみを作成する必要があります。ここでいう「有用性」とは，(a)監査の有用性（すべての資料が監査に使えるか），(b)分析への有用性（分析できているか），(c)開示への有用性（開示資料と数字がつながっているか），の３つを満たすことをいいます。

　本章第１節(3)で述べたとおり，ディスクロージャーの目的を達成するために，単体試算表や連結精算表を作成した後に，アウトプット業務（決算・監査資料作成）→分析業務（分析の実施）→開示業務（開示資料の作成）をしなければな

りません。それら一連の業務で作成・実施したものを監査法人に提示することになります。つまり、決算資料を作成するにあたって、(a)監査の有用性、(b)分析への有用性、(c)開示への有用性のいずれをも満たさない資料は作成してはなりません。

　しかし、この「有用性」にも大きな問題を抱えた企業が少なくありません。「網羅性」と同様に、「有用性」を満たすような決算資料の見直しを進めるべきです。「網羅性」と「有用性」を満たした決算資料を作成するために必要なことは、(1)で述べた「ゴール逆算思考」です。最終成果物（有報、短信等）から逆算して、決算資料・開示資料を整備する必要があります。

　④最後に、作成した決算資料は、体系的に保管する必要があります。決算資料を紙で保管する場合も、データで保管する場合も、ひと目でどこにあるかがわかるような保存方法についてのルールを作るべきです。例えば、エクセルのファイル名、シート名の付け方はルールを作り、それ以外の名称での保存はできないようにすべきです。また、共有フォルダ内のフォルダの作成方法、フォルダ名称の付け方もルールを作るべきです。

図表 5-2-5 決算資料作成・保存の最低要件

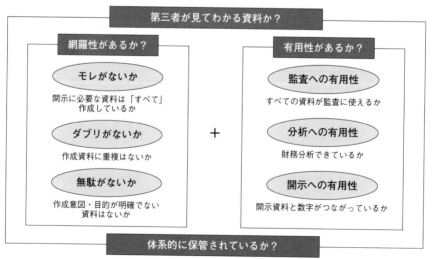

出所：武田雄治著『「経理」の本分』（中央経済社）より。一部表現を変更している。

(3)　分析（分析的手続）を徹底して実施する（セルフ監査を実施する）

　上述のとおり，分析が甘い（もしくは，分析をやっていない）と，決算・監査の工数が増えます。逆に，分析を徹底して実施している企業は，決算早期化を実現させています。圧倒的な決算早期化を実現させている企業は，**「セルフ監査」**を実施しているというレベルまで異常点発見のための分析を実施しています。

　分析を実施するためには，作成する決算資料を変えなければなりません。単年度の残高・損益のみが掲載されているものは全廃し，長期のトレンドが追える資料を作成しなければなりません。上述のとおり，四半期ベースで作成するのであれば，最低でも8〜12四半期のデータを並べるべきですし，年次ベースで作成するのであれば，最低でも3〜5年のデータを並べるべきです。

　分析を決算・監査が終わってから事後的・形式的に実施している企業がありますが，それでは意味がありません。分析は，単体試算表・連結精算表が完成すると同時に実施しなければなりません。そのためには，あらかじめ決算スケジュール表の単体試算表・連結精算表の完成日（もしくは，その翌日）に分析を実施する工数を0.5日〜2日分を織り込んでおくことが望まれます。

　分析というと，ROA，ROE，ROIC，○○率といった「指標」を算出することだと思っている人がいますが，必ずしもそうではありません。財務分析とは，簡単にいえば「財務諸表上のあるデータ（今期のデータ）とあるデータ（過年度のデータ）を比較・分析すること」です。その両者の変動の原因を明らかにしていくことが分析です（**図表 5 - 2 - 6**）。

　財務諸表は複式簿記の原則により作成されているため，ある勘定科目の残高等が前期と比較して5億円増減していたら，理論上，別の勘定科目の残高等が5億円増減しているはずです。つまり，理論上はすべての勘定科目の変動を言葉で説明できるはずです。もし，言葉で説明できない変動があれば，そこに異常点（不正や誤謬）があると疑ったほうがよいでしょう。

　前期末に10億円だった現金預金残高が，今期末は15億円だった場合，その変動理由としていくつかの仮説を立てることができます。売上高が増加したから

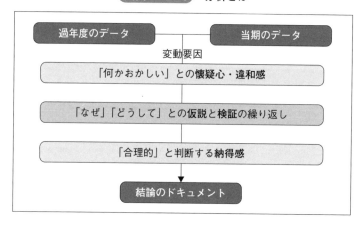

図表 5 - 2 - 6 分析とは

かもしれませんし，営業債権を早めに回収したからかもしれません。新規借入を行ったかもしれませんし，貸付金を回収したかもしれませんし，何か資産を売却・換金したのかもしれません。分析をする際は，考えうる仮説を立て，それらに対して事実（エビデンス）を収集し，それぞれの仮説を検証しなければなりません。仮説Aに対して事実Aを収集し，変動理由として「合理的」と判断する納得感が得られなければ，次に仮説Bに対する事実Bを収集し……と，仮説と検証を繰り返していきます。最終的に「合理的」といえる納得感が得られたら，最後にその変動理由をドキュメントしておきます。分析結果をドキュメントしている企業が極めて少ないですが，ドキュメントしておかなければ分析者本人しか変動理由がわかりません（分析者本人もいずれ忘れるかもしれません）。

　なお，分析をする限りは，上述のとおり，「セルフ監査」をするつもりで実施すべきです。そのためには，**財務データを性悪説的に見る**ことがポイントです。つまり，財務データを比較する際に，変動があったり，変動がなかったりしたことに対して，「何かおかしいのでは？」という懐疑心や違和感を持たなければなりません。「ウチの会社に不正やミスがあるわけがないじゃないか！」という性善説的な見方をすると，もうそこで分析は終わってしまいます。

　分析を実施している企業においても，「売掛金が増えたのは売上が増えたか

ら」といったレベルの変動原因の分析でとどまっているケースがありますが，これは分析したことにはなりません。仮説に対して事実（エビデンス）を収集しなければなりません。本当に売上高が増えたことが売掛金増加の原因なのか，そうだとすると，どの商品・サービスの売上高が増えたのか，それはなぜなのか，売掛金の実在性はあるのか，評価は妥当なのか……といったところまで分析しなければなりません。

　変動分析は全勘定科目について実施します。各勘定科目の変動分析を実施した結果をドキュメントし，それを期末監査が始まる初日に監査法人に提示することができれば，監査法人が変動分析や質問，エビデンス収集をする工数を省くことが可能になり，監査効率化を図ることも可能になります。実際に，決算早期化を実現させている企業（分析を徹底して実施している企業）のほうが，監査法人からの質問が少ないという傾向があります。

　リスク・アプローチ，および内部統制の観点から，決算・監査対応コスト削減に向けた分析（分析的手続）の活用方法や具体的な手順は，第3章で詳述しています。

(4)　業務を「マクドナルド化」する

　決算業務が「属人化」している企業は，「脱属人化」「標準化」を目指さなければなりません。

　「脱属人化」を図るにあたり，参考にすべきはマクドナルドの店舗（厨房）のオペレーションです。マクドナルドの厨房業務は，アルバイトが中心にまかなっており，オーダーが入ってから数秒から数十秒でハンバーガーを作っています。特に優秀な料理人がいるわけではありません。料理未経験の高校生も多くいます。それを可能としているのは，極限までシンプル化されたオペレーションにあります。厨房には，あらかじめ用意された「具材」が並んでおり，ミートが焼けたら，バンズ（パン）に必要な「具材」を乗せるだけ。ここに料理人の知識も経験もそれほど求められません。

　つまり，圧倒的なスピードと，一定の品質を保つために必要なことは，優秀な人材を採用することでもなければ，細かい業務マニュアルを制作することでもありません。業務を極限までシンプルにし，あらかじめ「具材」を用意する

ことです。

　では，決算における「具材」とは何でしょうか。それは決算資料です。決算資料をあらかじめ（決算前に）標準テンプレート化しておけば，決算業務を標準化させることが可能となります。決算業務が標準化すれば，特定の担当者が業務を握りしめる必要がありませんので，「脱属人化」を実現させることができます。これを，筆者は**「決算業務のマクドナルド化」**といっています。「決算業務のマクドナルド化」を実現させることができれば，マクドナルドのオペレーションのように，アルバイトでも派遣社員でも決算業務に従事することができるでしょう。これまで決算・開示に携わらなかった担当者が，決算・開示を担当することができれば，当然に人材は育ちます。そして，特定の担当者が業務を握りしめていた状況から，各担当者が業務を分担して実施する状況に変えることができれば，必然的に決算の工数を減らすことができます。

　上場企業においても，脱属人化を目指し，「決算業務のマクドナルド化」を実現させたことにより，圧倒的な決算早期化を実現させた企業があります。「決算・開示はベテランの業務」「若い者には任せられない」という思考はやめ，誰でもわかる標準テンプレートを作成するべきです。

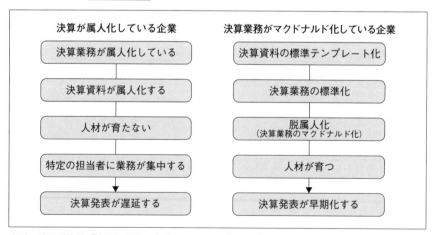

図表5-2-7　決算業務のマクドナルド化による効果

出所：武田雄治著『決算早期化の実務マニュアル《第2版》』（中央経済社）より。一部表現を変更している。

⑸　事前準備を徹底する

　決算発表が早い企業ほど事前準備を徹底して行っており，決算発表が遅い企業ほど事前準備を十分に実施していません。

　例えば，3月期決算会社で，決算日後45日後に決算発表を実施している企業は，4月1日から5月15日までの45日をかけて決算・監査の対応をしているケースが多いと思います。そして，決算早期化（30日開示）を実現させるには，45日かかっていた決算・監査業務を30日で実施しなければならない，と考えるのではないでしょうか（そのため，決算早期化を目指すといえば，現場の経理担当者から猛反発を食らうことがあります）。

　しかし，本章第1節⑸で述べたとおり，3月期決算会社の企業の決算作業を4月1日から開始しなければならないというルールはどこにもありません。3月中にできることは実施すべきです。

　4月1日から5月15日までの45日をかけて決算・開示・監査の対応をしていた企業は，4月1日から4月30日までの30日をかけて対応するのではなく，3月1日から4月30日までの61日をかけて対応する，という発想の転換をしてください。決算スケジュール表も3月1日から作成することが望まれます。

　決算早期化（30日開示）を実現させている企業の中には，決算中も残業・休日出勤がゼロという企業もあります。決算前にできることをやれば，決算日後の工数を減らすことが可能です。

⑹　監査を理解する，監査に協力する

　企業側の決算工数を削減しても，監査の工数を削減できなければ，全体としての工数削減の効果は限られます。

　監査の工数を削減するためには，監査の「日程」を縮めたり，「工数」を減らしたり，「前倒し」で実施したり，ということが必要になりますが，これらを監査法人側から提案してくることはないと思います。これらは企業側からの働きかけが必要です。

　そのために，企業側でやらなければならないことは，以下の2点です。

> ①　監査を理解する
> ②　監査の受入れ方を変える

　①まずは，監査を受ける側の経理担当者が，監査の目的・手法・手続等を理解しておかなければなりません。監査の目的は，財務諸表がすべての重要な点において適正に表示されているかどうかについて，監査意見を表明することであり，その目的を効率的に達成するために，リスク・アプローチという手法を採用し，分析的手続を中心とする監査手続を実施します（第2章参照）。しかし，これらを理解していない経理担当者が非常に多いのが現状です。

　仮に，あなたが大きな病気になり，手術を受けなければならないとした場合，その病気や手術のことを何も知らずに手術台に上がるでしょうか。おそらく，調べられる限りの情報をインプットし，事前準備を行い，術後の備えも行い，不明点があれば主治医に確認し，万全の体制で手術に臨むのではないでしょうか。もしここで，「手術なんて医者に丸投げしておけばいい」という態度で臨むとどうなるでしょうか。おそらく，術後の回復も時間がかかるでしょうし，治るものも治らないのではないでしょうか。

　監査も同様に，監査を理解し，主体的に監査を受けている企業と，「監査法人に丸投げしておけばいい」という態度で臨む企業とでは，監査工数は変わります。少なくとも，監査法人が会議室で何をしているのか，どのような項目について重点的に監査を受けているのか，どのような手続を踏んでいるのか，どれだけの工数を要しているのか，といったことを理解しなければなりません。

　②そのうえで，監査の受入れ方を変えなければなりません。第三者（監査法人）が見てわかる資料を作成することは当然のこと，企業側である程度のリスク評価を行い，全勘定科目の分析を（セルフ監査といえるレベルまで）実施することが望まれます。特に，監査法人が重点的かつ慎重に監査を実施すると思われる，異常な変動がある勘定科目や，評価・見積りに関する勘定科目は，企業側でも重点的かつ慎重に分析を実施することが望まれます。分析結果はドキュメントし，変動があったもの等については，そのエビデンス（証票類のコ

ピー等）もあらかじめ準備しておくべきです。

　ここまでを期末監査が始まるまでに実施しておけば，監査法人からの質問や
エビデンス提出依頼もなくなるでしょう。

(7)　今後のさらなる工数削減への対応

　ここまで述べてきた6つの方法以外にも，決算・監査の工数を削減する方法
はあります。近年，上場企業やそのグループ会社において，**図表5-2-8**に挙
げたような施策が見られます。

図表5-2-8　間接的な決算・監査の工数削減の方法

施策	具体的な内容	決算等の工数削減，管理コスト削減以外の効果（例）
組織変更（グループ再編）	シェアードサービス化	経理業務のスリム化・効率化 経理担当者の高度化・専門化
組織変更（本社管理部門）	経理機能の一元化 管理部門の統合 管理職の削減	経理業務のスリム化・効率化 経理担当者の高度化・専門化 コミュニケーションのフラット化
業務の選択と集中	経理・決算・開示業務のアウトソーシング	人員削減 担当者の高度化・専門化 生産的な活動へのリソースの集中
労働環境改善	残業削減（禁止） フレックスタイム制 テレワーク	生産性向上
業務の効率化	ITシステムの導入・入替 RPA導入 クラウド化，ペーパーレス化（デジタル化） 承認・押印手続等の見直し オンライン会議	経理業務のシンプル化 出張・移動時間削減 人員の適正化

　ここに挙げたものは，直接的に決算・監査の工数を削減する方法ではありま
せんが，間接的に工数を削減する効果はあります。例えば，シェアードサービ
ス化や経理機能の一元化は，各社，各事業所等にある経理部門を集約・統合す
ることにより，経理業務のスリム化・効率化を実現し，経理担当者の高度化・

専門化を実現させることが可能となりますが，それに伴い，決算等のスピード
アップや，管理コストの大幅削減を実現させることも可能になります。

　上場企業においても，決算等の業務の一部をアウトソーシングすることは珍
しくありません。記帳等の日常的な業務のアウトソーシングのみならず，連結
決算業務のすべてや，開示業務のすべてをアウトソーシングしている企業もあ
ります。業務の一部をアウトソーシングすることは必ずしも決算等のスピード
アップにつながるとは限りませんが，依頼先との連携やコミュニケーションを
うまく取ることにより，圧倒的な決算早期化を実現させている企業もあります。

　残業削減や残業禁止といった「働き方改革」への対応についても，必ずしも
決算等のスピードアップにはつながらず，場合によっては決算の締めが遅れる
リスクを抱えます。しかし，多くの企業は「働き方改革」への対応を積極的に
実行することにより，非効率な業務を改善・廃止し，生産性を高め，決算の締
めを遅らせることなく，工数削減を実現させています。

　本章で述べた個々の内容を組み合わせて実施することにより，全体として工
数削減と決算・監査コストを最適化させることは可能です。短期間（1年以内）
で大きな成果を出すことは困難かもしれませんが，決算早期化を実現させてい
る企業は，そこに至るまで5年〜10年といったスパンでの改善を繰り返してい
ます。毎年毎年の課題抽出と改善実行をコツコツと繰り返すことが大切です。

第6章
内部統制対応コストの最適化

　　第Ⅱ部では，公認会計士が監査手続計画，特に財務諸表監査手続計画を立案する際の基本的枠組みであるリスク・アプローチの考え方と，リスク・アプローチの枠組みの中で監査対応コストを削減するために企業が実施すべきことは内部統制の強化であることを説明してきました。そこで第Ⅲ部では，公認会計士監査のもう1つの側面である，財務報告に係る内部統制報告制度（いわゆるJ-SOX制度）における企業の内部統制の対応にフォーカスして対応コストの最適化の基本的な考え方を解説していきます。

　　まず，本章では，第1節にて財務報告に係る内部統制報告制度導入後の現状と，企業の内部統制対応のズレの可能性について解説し，それを踏まえ，第2節ではなぜ内部統制担当がズレを解消できないのかを考察します。

　　そして第3節では，企業の負担する内部統制対応コストにはどのようなものがあるのか，内部統制対応コスト最適化の最大のポイントは何かを解説します。

　■ この章のポイント

- ・J-SOX導入によっても企業の会計不祥事は減っていない
- ・企業の内部統制対応のリソース配分にズレが出ている可能性
- ・内部統制（J-SOX）対応コストの最適化はバランスが重要
- ・内部統制対応コスト最適化のカギは計画段階にあり

第1節　内部統制報告制度（J-SOX）導入により会計不祥事は減ったのか

(1)　企業の内部統制対応はズレている？

　詳細は巻末付録で解説していますが，J-SOX 制度導入から10年超の月日が経っているにもかかわらず，各種の統計調査情報によると，日本を代表する大企業も含め，内部統制報告書上の「重要な不備」の件数，発生割合はここ数年間，減っていないということがわかります。他方で筆者が内部統制支援を実施している現場における肌感覚でいえば，企業の大小に関係なく，内部統制担当者は決して楽をしたり手を抜いているわけではなく，日々，関係当事者からのさまざまなプレッシャーの中で，むしろやりすぎといえるぐらい真剣にリスクと内部統制に向き合い，それでも不祥事を防ぎきれず，結果，疲弊しているという現実があります。

（現実その1）
統計調査によると，いまでも会計不祥事，重要な不備の発生が跡を絶たない（そして訂正報告や重要な不備の開示企業には，一定数の大企業も含まれている）
（現実その2）
一方で，現場では内部統制対応により疲弊している企業が多い

　あくまで筆者の主観・仮説の域を出ない点をあらかじめお含み置きいただきたいのですが，内部統制が企業の財務報告の信頼性向上に有効であるということを前提とすると，上記のような現実を見る限り，**"J-SOX 制度対応（内部統制対応）に割くリソースと，真に必要な財務報告リスクマネジメントの領域との間にズレが生じてしまっている企業が，いまだ相当数あるのではないか"** と思わざるを得ないのです。

　そのうえで筆者なりの "企業の内部統制対応はかくあるべき" という主張を先にお伝えすると，"お国" が全上場企業に向けて一律に定めた杓子定規な枠

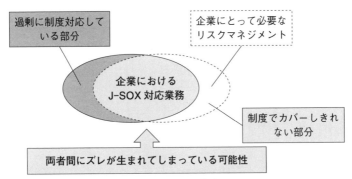

図表6-1-1　内部統制のリソース注入領域のズレ

実線：企業が実際に行っている J-SOX 対応業務
点線：企業にとって真に必要な財務報告リスクマネジメント業務

組み（フレームワーク）に基づく J-SOX 制度対応は，そのルールを熟知することで最小限の労力で済ますことができるよう，徹底的に無駄な仕事をそぎ落とし筋肉質にしていくとともに，自社にとって真に必要と思われるリスク領域については，制度の定めや監査法人の指摘によらずとも自主性をもって必要十分な手当てをし，自衛していくべき，という考えです。いわば"内部統制対応の最適化のための基本方針"ともいえます。

　第7章～第9章では，このような筆者の基本的な考え方に基づき，コンサルティングの現場で実際に検討されている具体的な内部統制効率化のポイントについて解説していきます。その前に本章では，このような筆者の主張に至った根拠となる前提情報をみなさんと確認しておきたいと思います。

(2)　内部統制報告制度導入の背景

　かつて公認会計士監査といえば，企業活動を財務数値とともに取りまとめた最終成果物である"財務諸表"のみが対象でした。しかしながら21世紀初頭に発生したエンロン事件やワールドコム事件などの巨額の会計不正事件を契機として，まずアメリカにて，財務諸表のみならず，その作成に至るまでの生成過程（つまり，財務数値作成のための内部の統制状況）についても監査の対象とする企業改革法（いわゆるサーベインズ＝オクスリー法，SOX 法）が導入され

たのが，その後世界的に導入されることとなった内部統制報告制度の始まりです。

　その後，間もなくわが日本においても西武鉄道事件やカネボウ事件といった有価証券報告書の虚偽記載，ないし会計不祥事事件が相次いだことを機に，アメリカのSOX法にならいつつ，日本独自の制度にアップデートして2008年に導入されたのが，わが国における「財務報告に係る内部統制報告制度」，いわゆるJ-SOX制度です（J-SOX制度の概要については筆者（浅野）の前著『日本版SOX法 実務完全バイブル』（実業之日本社），『今から始める・見直す内部統制の仕組みと実務がわかる本』（中央経済社）を参照ください）。

　いわば，最終製品（＝財務諸表）の品質自体に加え，製品の製造過程や検品体制（＝財務報告に係る内部統制）までも検証されることで，利害関係者はより安心して製品（＝財務諸表）を利用できるようになるというわけです[※]。

　　※　J-SOXでは内部統制の有効性それ自体の監査ではなく，経営者による内部統制評価結果報告の適正性について監査を受けます。これを「ダイレク

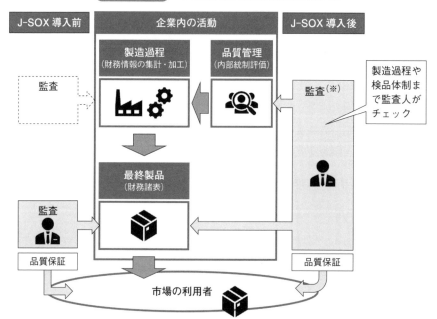

図表6-1-2　J-SOX導入前後の監査対象比較

　※　J-SOXでは内部統制の有効性自体ではなく，経営者による内部統制評価結果報告が監査の対象

ト・レポーティングの不採用」といい，J-SOX 制度の特徴の1つです。

すなわち，内部統制報告制度（J-SOX）は，ディスクロージャー全体の信頼性，ひいては証券市場に対する内外の信頼性を高めるべく，企業の自浄能力の強化を促し，不正や誤りによる重要な虚偽報告の発生確率を下げることに一役買うことが期待され，導入されたのです。

(3) J-SOX 導入後の現状

この J-SOX が導入されて，早いもので10年超の歳月が経過しました。この間，国内の上場企業による財務報告の信頼性はどれくらい向上したのでしょうか？不適切会計事案の件数はどのくらい減ったのでしょう？

結論からいうと，会計不祥事や内部統制報告書上の「重要な不備」の開示件数は減るどころか，不正等の発覚により，当初有効とされていた内部統制について，あとから有効でないと訂正するケースも含め，いまだ跡を絶たない状況です。これはどうも「上場企業数が増えたから」といった単純な理由ではないようです。

なお，近年の「重要な不備」の開示件数のトレンドと今後の予測分析を巻末付録として掲載していますので，詳細はそちらをご参照ください。

第2節 内部統制担当を疲弊させる過剰対応とプレッシャー

(1) はたして内部統制担当は仕事していないのか

以上のようなマクロ的な統計情報を見ると，読者のみなさんは，よほど内部統制対応を真面目に取り組んでいない企業が多いのではないかと思われるのではないでしょうか。

しかしながら上記のとおり，これらの企業の中には，東証第一部上場企業，それも日本を代表するいわゆる"大企業"が何社も含まれている点に注意が必要です。大手監査法人の監査と指導を受けている中，こうした大企業を含む上場企業が制度開始後10年も経って，未だに J-SOX をまともに対応していないということは，にわかに考えにくいのです。

　また筆者がふだん，内部統制コンサルティングで実務に携わっている中でも，多くの企業は制度対応をおざなりにしているわけでもなく，むしろ真面目に取り組んでいるのですが，共通した理由で疲弊しているケースが多いように見受けられます。

　その理由とは，大きく以下の2点です。
- J-SOX ルールの理解不足からくる過剰対応とズレ
- 内部統制担当への3つのプレッシャー

⑵ J-SOX ルールの理解不足からくる過剰対応とズレ

① 過剰対応による疲弊

　内部統制担当が疲弊している1つの大きな要因は，J-SOX，すなわち財務報告に係る内部統制報告制度，内部統制監査制度に対する理解不足による"過剰対応"です。

　実際，筆者がコンサルタントとして相談を受けるケースの多くは，以下のパターンです。

- 上場に向け J-SOX 対応を開始したのはよいものの，監査法人の要求水準が自社の事業規模に比して過剰と思われるが，解決法がわからない
- 長年 J-SOX 対応をしている間に，業務が肥大化・形骸化しているように感じるが，具体的にどのように改善してよいのかわからない

　このような相談を受けるのは，ひとえに企業側に，J-SOX 制度や基準，会計士監査に対する十分な知識・理解・経験（を有する人材）が不足していることが原因と考えます。

　確かに J-SOX に関する基準やガイドラインは，**図表6-2-1**のようにたくさんあるうえ読みづらいものです。さらに，監査法人との対峙を念頭に会計士監査に対する理解や会計基準の理解まで考えるならば，合計5,500ページを超える分厚い『監査実務ガイドブック』や『会計監査六法』に記載の各種基準や実務指針まで範囲が広がってしまいます。そうなると，企業側に公認会計士資格を持ち，監査法人における監査の経験を有する人材でもいない限り，企業が

制度にうまく対応できないのも無理はありません。

　しかしながら，ルールを知らないとゲームができない，ゲームに勝てないのと同じで，プロである監査法人と対峙しながら自社なりの内部統制対応を実現するためには，経験云々の前に，まずは企業側の担当者がJ-SOXに関する最低限のルールを理解する必要があります。

<figure>

図表6-2-1　主なJ-SOXのルール

正式名称	略称
金融商品取引法	金商法
財務報告に係る内部統制の評価及び監査の基準（金融庁企業会計審議会）	基準
財務報告に係る内部統制の評価及び監査に関する実施基準（金融庁企業会計審議会）	実施基準
監査・保証実務委員会報告第82号「財務報告に係る内部統制の監査に関する実務上の取扱い」	監査の実務上の取扱い
財務計算に関する書類その他の情報の適正性を確保するための体制に関する内閣府令	内部統制府令
「財務計算に関する書類その他の情報の適正性を確保するための体制に関する内閣府令」の取扱いに関する留意事項について	内部統制府令ガイドライン
内部統制報告制度に関するQ&A（金融庁）	Q&A
内部統制報告制度に関する11の誤解（金融庁）	11の誤解
内部統制報告制度に関する事例集 〜中堅・中小上場企業等における効率的な内部統制報告実務に向けて〜（金融庁）	事例集

</figure>

　監査法人は，クライアントが仮に監査上，不要な対応をしていたとしても，積極的に"この手続は不要です"，"対応しなくてよいです"とは絶対に言いませんし，一方で監査上，必要な業務は"追加手続の実施"や"手続の厳格化"の名目のもとに要求してきます。したがって，企業の担当者自身がルールを理解し，確固たる軸をもって対峙しないと，監査法人に指摘されるがまま知らず知らずのうちに**無駄な手続を抱えて業務が肥大化し，ひいては必要な手続まで形骸化して疲弊してしまう**のは容易に想像できます。

②　不要な評価

　筆者が内部統制対応効率化のための見直し業務を行う過程では，さまざまな効率化の阻害要因が発見されます。しかしその中でよく遭遇する，企業側の制

度理解の不足から生じる過剰業務の発生箇所としては，不要な範囲，不要なリスク，不要な統制を評価していることが挙げられます。これらの詳細については，第7章，第8章にて解説しますが，ここで簡単に取り上げておきます。

(a) マクロレベル〜過剰な評価対象プロセス識別〜

「財務報告に係る内部統制の評価及び監査に関する実施基準」（以下「実施基準」）によれば，事業拠点や内部統制プロセスを，一定のフレームワークに基づき分類化し，そのうち一定の金額的・質的重要性の基準を超えるものを評価対象として決定します。原則もありますが，例外が認められている場合（容認事項）もあります。しかしながら，こういった原則的ルールや容認事項の取扱いを知らないことで，基準上認められる選択肢の中での有利・不利や自社への適合性を模索することなく，なんとなく監査法人に言われるがままに評価範囲を決めた結果，評価範囲が過大となっているケースがまま見受けられます。その結果，文書化作業やその後毎年繰り返される評価作業の工数が必要以上に増えるのです。

筆者はこのようなプロセスレベルの過剰な評価範囲を基準に即して見直し，適正化すことを，"マクロレベルの評価範囲の最適化"と呼びます。詳細は第7章にて解説します。

(b) ミクロレベル〜過剰なリスクとコントロール識別〜

次に，評価対象プロセスの中で，評価すべきリスクやコントロールがズレている，またはそもそも評価不要なリスクやコントロールを識別しているケースです。これらの詳細については第8章で解説します。

(3) 内部統制担当への3つのプレッシャー

企業の内部統制担当者が疲弊するもう1つの要因は，下記3つの関係当事者から内部統制担当者に向けられるプレッシャーです。内部統制担当者は常に3方向からのプレッシャーの中で板挟みになりながら必死に業務をこなしているのです。

① 経営者からのプレッシャー

基本的に内部監査，内部統制担当部門はコストセンターとして位置づけられ

ます。そのため，常に限られた予算の中でいかに有効かつ効率的に内部統制の評価を行うか，というプレッシャーがあります。乱暴にいうと，"コストはかけるな，でも何かあったら困るからちゃんと内部統制を見ろ"という，ある種，相反する方向の要求を同時に受けているのです。

このような経営者からの要求に応えていくためにも，制度要求事項と企業経営上の必要なリスクマネジメント領域のズレを極力なくす必要があります。内部統制担当者は，制度で要求されていない無駄な作業は徹底的に排除するとともに，企業経営上必要と位置づけた作業は（制度要求によらずとも）しっかりケアして対処する，という"筋肉質"な対応が大事なのです。

②　監査法人からのプレッシャー

監査法人の本来的役割やスタンスについての詳細は，拙著『今から始める・見直す　内部統制の仕組みと実務がわかる本』（中央経済社）に詳しく述べているのでこちらを参照いただければと思います。が，端的にいうと，監査法人はその性格上，常に監査対象である企業からの独立性を維持しなければなりません。そのため，自己監査にならないよう，監査クライアントに対して口は出しますが（指摘はしますが），経営意思決定に関与したり，ましてや自ら手を動かすことはできません。

特に大手監査法人の解体につながった2000年代初頭のエンロン事件以降，世界的に監査法人の監査クライアントに対する独立性の意識・管理はより一層強くなり，リスク回避的・保守的スタンスになっています。監査リスク，すなわち監督官庁からの行政処分や投資家からの訴訟リスクを回避するためです。

このような監査法人の独立性や保守的思考の前提からすると，企業が不要な手続を行っていたとしてもあえて「これはやらなくていいですと」と親切に助言はしてくれず，一方で監査上必要な事項については「もっとしっかり手続を行ってください」と言うしかなくなります。すなわち，**企業からすれば，監査法人の指導助言は，仕事を増やす方向の指導助言のみ**になるのです。

そのうえで監査は毎年繰り返されるわけですから，監査法人からの指導や依頼事項をそのまま鵜呑みにしていると，**企業が実施すべき業務は半永久的に増え続ける**結果となりかねないのです。

　このプレッシャーに打ち勝つためには，**内部統制担当者は，"監査法人の言いなり"ではなく，ルールをしっかり理解したうえで，自社の"軸"をもって主体的に内部統制対応をしなければなりません。**

　さらに第2章で解説したとおり，監査法人はリスク・アプローチを採用して監査手続を計画しています。そのため，制度ルールの趣旨を理解し主体的に必要業務を推進できる，"信頼できる"内部統制対応を行っている企業については監査手続を簡素化しやすくなるはずです。実際，筆者が関与している複数の企業の監査法人からは，監査作業の無駄が省ければ監査報酬予算は減らすことができる旨の見解をもらうことがあります。

③　被評価部門（現場）からのプレッシャー

　最後のプレッシャーは，悲しいかな，同僚からのプレッシャーです。具体的には，評価される側である被評価部門からのプレッシャーです。J-SOX の場合，営業部門や支店といった販売部門や，工場といった製造部門，そのほか経理部門，IT 部門など，さまざまな現業部門と全社横断的にコミュニケーションをとり，それぞれの内部統制を評価することになります。

　「会社やグループ会社など，さまざまな部門と全社横断的に連携しながら，グループの財務報告リスクに対応していく」，それ自体は内部統制対応の大きな面白み・醍醐味の1つであると思います。

　しかしながら，現業部門担当者からすると必ずしもそうとは限らないようです。というのも，各現業部門の担当者はもちろん日々の現業に追われています。例えば営業部門なら営業ノルマに追われる月末や決算直前，経理部門なら決算対応や監査対応に追われる決算直後など，それぞれの繁忙期があります。また，繁忙期でなかったとしても，自身の評価に影響を与えない内部統制業務に対し，"あらかじめ内部統制対応のために時間の余裕を確保して仕事をする"という意識の高い現業部門担当者はそう多くはないのではないでしょうか。そのような中で，内部統制担当者から「いつまでにこのリストに載っている請求書を数十件用意してくれ」とか「支店に往査して観察させてくれ」と依頼されると，「忙しいのに仕事の邪魔をしないでくれ」，「うるさい」と思うこともあるようです。「あなたの仕事の仕方は不備だから明日から改善しなさい」といった風に，

これまで自身が大事にしてきた業務のあり方に"ダメ出し"されようものなら，なおさらでしょう。

　このように社内から邪魔者扱いされないために，内部統制担当者は現業部門に対して，あらかじめ**J-SOX制度に対する十分な説明会**を開催し全社一丸となって対応していかなければならいことを啓蒙し，また**年間の対応スケジュール，各現業部門への協力依頼事項やタイミング**といった年間のプロジェクトの概要や依頼事項についてあらかじめ共有する，さらには定期的なコミュニケーションを通じて，**内部統制の整備・運用・不備の改善についての責任は現場サイドにあることを**周知徹底することで，現業部門が主体性をもって，また余裕をもって内部統制対応できるような環境を整備することが重要と考えます。

　以上のように，内部統制業務は①経営者，②監査法人，③現場担当からのプレッシャーによって，潜在的に疲弊しやすい業務構造といえますが，ここに書いたような，ルールを熟知したうえでの無駄な業務の徹底排除と必要領域への

図表6-2-2　内部統制担当の抱える3つのプレッシャー

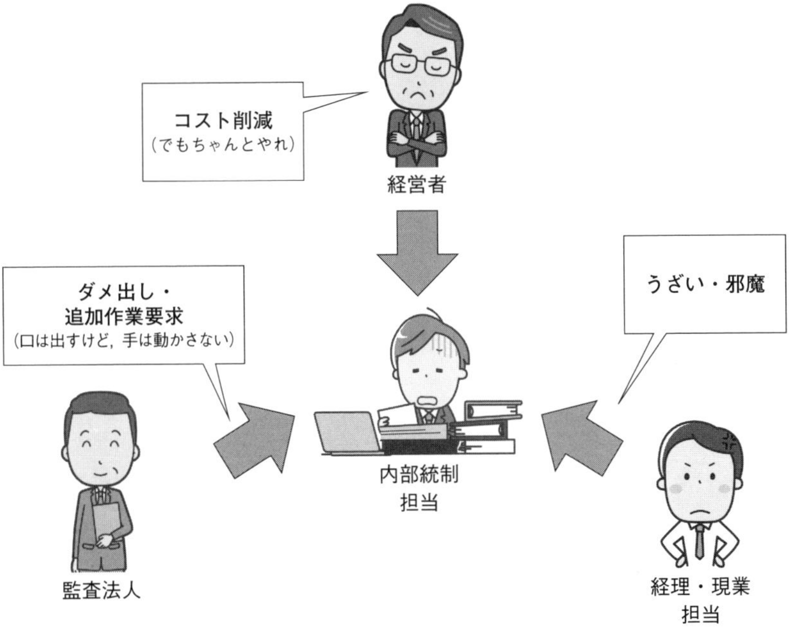

リソース集中，そして関係者とのコミュニケーションを着実に実行していくことで，自ずと関係者からのプレッシャーはリスペクトに変わり，社内外の協力体制も構築され，仕事を行ううえでの心持ちはずいぶん楽になるのではないでしょうか。

第3節　内部統制（J-SOX）対応コストの最適化

　前節までの解説をおさらいすると，企業の内部統制対応は，不要な業務により過剰な対応をしている一方で，真に必要なリスク領域に手が行き届いていないのではないか（リソースの注入領域にズレが生じているのではないか），という示唆を提唱しました。その理由として，J-SOX 制度導入後いまだに内部統制上の重要な不備開示は跡を絶たないというマクロ情報と，筆者がコンサルティングの現場で目の当たりにしている内部統制担当者の過剰対応の例やプレッシャーについて紹介しました。そして "ズレ" を解決するための筆者の主張は，企業が J-SOX のルールを熟知したうえで，不要な業務は徹底的にそぎ落とし，必要な業務は徹底的に行う，いわば **"内部統制対応の最適化"** を目指すべき，というものでした。

　そのような "内部統制対応の最適化" は，企業にとっての内部統制対応コストの最適化を意味し，リスク・アプローチのもと，最終的には決算・監査対応コストの最適化にもつながるはずです。

　そこで本節では，企業の内部統制対応コストとはいったい何なのか，について整理するとともに，内部統制対応（すなわち内部統制対応コスト）を最適化していくための基本的な考え方について解説していきます。

(1)　直接的コスト

　内部統制対応コストは，大きく分けて，直接的コストと，間接的コストの2つがあると考えています。

　一般的に内部統制対応コストというと，内部統制プロジェクト対応のためのコンサルタント報酬（内部統制評価コスト）や，内部統制構築に向けた新システム導入コストなど，いわゆる外部の第三者への支出を伴うコストが最初に思

い浮かぶかと思います。しかしながら，そういった社内の現業部門担当者による内部統制評価対応に要する時間，例えばヒアリング対応やエビデンス等の資料収集の時間に要する人件費，また文書化や評価手続を行う社内の内部統制チームメンバーの人件費，さらには企業の評価結果を監査する監査法人等に対する監査報酬もまた，企業がJ-SOX対応のために直接的に支出を要するコストといえます。

> （直接的コストの例）
> - （内部統制の）整備・運用コスト
> - （内部統制の）評価コスト
> - （内部統制の）監査コスト

(2)　間接的コスト

　直接支出を伴うコスト以外にも，万が一，内部統制報告書に「重要な不備」が開示されてしまったり，「評価結果を表明できない」となった場合，自社の社会的信用喪失に伴う取引先の減少や，資金調達の困難化，リクルートへの悪影響といったレピュテーションコスト，そしてこれを回復させるために要するリカバリーコストが考えられます。さらに，過剰な内部統制の構築や，過剰な内部統制対応により現業部門のビジネススピードを失速させるといった，通常であれば獲得できていた利益の喪失，いわゆる機会費用・機会損失（逸失利益）も，間接的ではあるものの，広義には内部統制コストの1つといえると考えます。

　これらの間接的コストは，支出を伴わないため定量的にインパクトを図ることが困難ですが，**一度発生してしまうと直接的コストの比ではないくらい莫大な損害をもたらす**ため，企業はより注意が必要です。

> （間接的コストの例）
> - 社会的信用低下による取引先減少
> - 株価の低下

- 東証第一部など上位市場変更審査基準への抵触
- リクルートへの悪影響
- ビジネススピード低下による機会損失

図表 6-3-1 内部統制対応コストの要因別分解

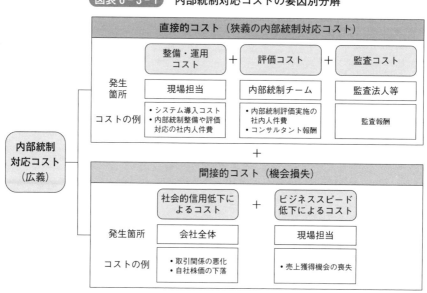

(3) 内部統制対応コストのトレードオフと最小化

　内部統制対応に係るコストマネジメントでは，上記の直接的なコストと間接的なコストを最小化していく必要があります。しかしながら厄介なことに，ややもすると両者はトレードオフの関係になりがちです。

　すなわち，直接的コストを減らすためにやみくもに内部統制対応予算を削減すると，不適切会計を看過してしまうリスクや，内部統制の重要な不備開示のリスク，作業が終わらず評価結果を表明できないリスクが高まるため，知らず知らずのうちに潜在的な間接的コストが上がってしまいます。

　逆に，過剰なまでに慎重な内部統制の構築をしたり，内部統制評価や内部監査を強化すれば，会計不祥事を起こすリスクは低くなるかもしれませんが，直

接的コストが上がってしまいます。さらに，過剰で的を射ない内部統制対応は
"料金所ばかりの高速道路"のようなもので，現業部門のビジネススピードを
失速させ，企業が本来獲得できたであろう利益を逸する結果となり，これでは
本末転倒になりかねません。

　よって結局のところ，企業が内部統制対応コストを最適化するためには，制
度上要求されていない無駄な作業をそぎ落とすことで直接的なコストを最小化
しつつ，企業にとって真に必要なリスク領域に集中して必要な評価業務を徹底
的に実施することで，間接的コストも最小化するという，前節までで述べてき
た"内部統制対応の最適化"を実現することで直接的コストと間接的コストの
両者をバランスさせ全体最適を狙うことが重要といえます。

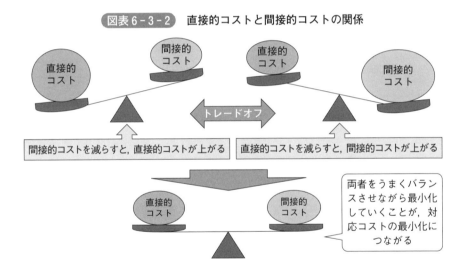

図表6-3-2 直接的コストと間接的コストの関係

第4節　内部統制対応コスト最適化のカギは計画段階にあり

　前節までの解説で，"内部統制対応の最適化"がいかに重要であるかをご理
解いただけたかと思います。

　では，最適化を実現するために，どのように"無駄な作業を排除し，企業に
とって真に必要なリスク領域にリソースを集中すべきか"が問題になります。

　ここで，"企業にとって真に必要なリスク領域"が何かは，企業の置かれた
状況ごとに異なります。そのため，残念ながら一律に解説することはできませ
ん。自社にとって何が必要なのかは，企業の内部統制担当者が自社グループの
状況を踏まえ考えていく必要があります。また，経営陣の事業に対するリスク
感覚によっても変わってきます。

　他方で，制度の枠組みの中で，"無駄な作業は何か（裏を返せば必要な作業
は何か）"は，J-SOX ルールに照らして考えることができます。そこで，本節
では，J-SOX 制度対応における無駄を排除するのに最も大きなインパクトを
与えるであろう，内部統制の評価範囲の決定方法，特にマクロレベルの評価範
囲の決定方法について，J-SOX のルールを踏まえて最適化していくポイント
を解説します。

(1)　なぜ評価範囲の決定が重要なのか

　なぜ評価範囲の決定が，無駄な作業を排除するために最も大きなインパクト
を与えるのか。

　それは内部統制対応が，以下の手順で進めることになり，評価範囲の決定は
最初の"①　計画"で行われる主な作業だからです。ここを誤ると，ドミノ倒
しのようにその後の工程に影響を与えることになるわけです。

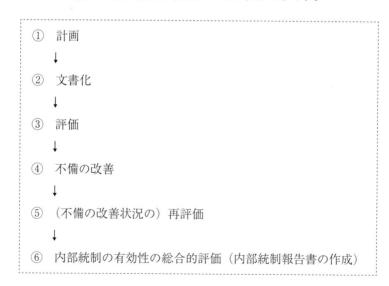

①　計画

↓

②　文書化

↓

③　評価

↓

④　不備の改善

↓

⑤　（不備の改善状況の）再評価

↓

⑥　内部統制の有効性の総合的評価（内部統制報告書の作成）

　すなわち「①　計画」で，もし評価対象となる内部統制の範囲が必要十分な範囲を超えて設定されてしまうと，「②　文書化」の範囲が広がります。

　次に文書化の段階で識別するリスクを不用意に広げると，その結果，識別すべき内部統制が増えてしまいます。そして識別すべき内部統制が増えると，「③　評価」にて，評価項目や評価手続の工数が増えます。そのうえ，評価項目が増えることで相対的に発見される不備の数も増えてしまいます。

　その結果，「④　不備の改善」にて，現場における不備改善のために要する工数が増え，「⑤　再評価」の結果もむなしく不備改善が間に合わず，最終的には「⑥　総合的評価」段階で，「内部統制報告書上の開示すべき重要な不備」が残ってしまうリスクも相対的に高まってしまうのです。

　直接的コストも間接的コストも上がる結果となるわけです。

図表6-4-1　ドミノ倒しの内部統制地獄

内部統制対応業務の流れ	内部統制チームの負荷・コスト
①　計画	評価範囲を不用意に広げる
②　文書化	・作成すべき文書が増える ・識別するリスクと統制が増える
③　評価	評価項目・評価工数が増える
④　不備の改善	・改善すべき項目が増える ・不備改善の工数が増える
⑤　再評価	再評価項目・工数が増える （不備が多いので未改善項目が残る）
⑥　総合的評価 （内部統制報告書の作成）	重要な不備が開示され， 機会費用が生じる

(2) 半永久的に続く全社的な内部統制地獄

　さらに注意すべきは，この"ドミノ倒し"は内部統制担当者のみで収まりません。なぜなら，内部統制対応は内部統制担当者のみで完結するものではなく，トップマネジメントや現業部門も巻き込み，グループ全社横断的に実施していく必要があるからです。また，監査法人との連携も必要になります。

　そのため，最初に過剰な内部統制評価範囲を設定してしまうと，その後の各作業工程で，現業部門や監査法人の対応工数も連鎖的に増やす結果となるのです。それはすなわち，前述した直接的コストの増大にほかなりません。

　そのうえ内部統制対応は，基本的に**企業が上場している限り半永久的に対応が必要**となります。前述の監査法人の保守的スタンスを考えると，監査法人は無駄な作業をやめろとは言わず，その時々に応じて必要な対応を求めるのみです。そのため，企業が自ら無駄な作業を改めない限り，**毎年のように少しずつ対応すべき作業が増え続ける結果**になりかねません。

　また，会計・監査の世界には「継続性の原則」という考え方があります。この考え方に基づくと，企業が一度採用した評価の方針については正当な理由なく変更することはできないと考えられます。いわば"慣性の法則"が働くのです。そのため，昨年まで評価していたものを急に対象外にしようとすると，監査法人も当然身構えますので，このような継続性の観点からも一度採用した評価対象を変更することはハードルが高く，難しくなります。

　こういった事態に陥ると，まさに**"内部統制地獄"の負のスパイラル**といえるでしょう。

　そのため，もし貴社がこれから内部統制対応を始めるのであれば，なおさら「初年度に初動を誤ると，ドミノ倒しのように内部統制地獄の負のスパイラルにはまる」ということを強く意識しながら慎重に評価範囲を決定すべきです。

(3) J-SOX の評価範囲だけ縮小しても意味がないのではないか

　中には「J-SOX 評価範囲だけ縮小しても，結局，監査法人から財務諸表監査で内部統制対応が必要といわれるから意味がないのではないか」，「経営者が

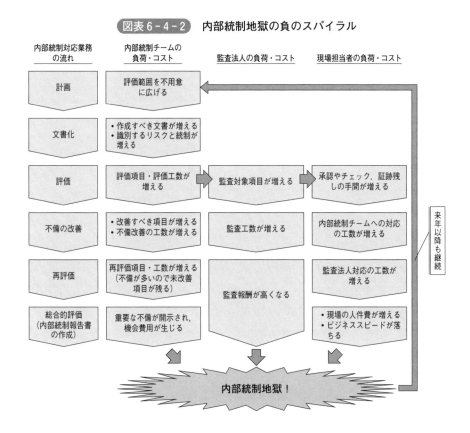

図表6-4-2　内部統制地獄の負のスパイラル

J-SOX評価範囲とは別の領域をリスクと感じていたら，評価範囲を広げなければならず意味がないのではないか」と思われる方もいるかもしれません。

　実際に，筆者は支援先企業の監査法人と評価範囲について協議する際も，「筆者が決めた評価対象プロセスは，弊法人の想定している評価範囲と比べ狭いので広げてほしい」と要求されることもよくあります。また経営者からは，「評価範囲に含まれていないようだが，新規でグループに加わったこの子会社が気になるから見てほしい」という要望を受けることもよくあります。そのため，この点は議論の余地があることは重々承知しています。

　しかしながら，あえて筆者の意見を申し上げると，「J-SOX制度の枠組みで評価を行うこと」と，「財務諸表監査」や「内部監査（業務監査)」として内部統制の対応を行うことは，明確に整理すべきと考えます。

　なぜならば，J-SOX制度の枠組みで評価対象にプロセスを加えるということは，企業側に制度上要求された水準の厳格な評価手続の負荷を与え，また内部統制報告書上の意見や監査法人による内部統制監査報告書上の意見の形成基礎につながる，ということを意味します。それだけでなく，現業部門の評価対応，監査対応の負荷を与えることにもなります。

　他方で監査法人の財務諸表監査の一環として，内部統制評価対応（いわゆる期中監査対応）をするだけであれば，第一義的には監査法人が内部統制評価を実施すればよいわけで，企業が評価の実施義務を負うことはありません。もちろん，第4章の解説のとおり，監査工数削減のために，自社の内部統制評価に依拠してもらうという選択肢はありますが，それはあくまで戦略上の選択肢です。

　また経営者のリスク感覚への対応という観点でも，その多くはビジネスリスクであることが多いですし，仮に財務報告リスクについてであっても，「内部監査（業務監査）」として対処すれば十分です。むしろJ-SOXと内部監査とでは，目的（監査テーマ）も，評価手法も，アプローチもまったく異なるので一挙両得，二兎を狙ったつもりが一兎も得ない，もしくは二重のコストがかかる結果になりかねません。

　このように，筆者はJ-SOX上，評価対象に含めないからといって「何もしなくてよい」と言っているわけではなく，状況に応じて緩急をつけながら適切に対処するべきだと考えています。ただ，ことJ-SOXの評価範囲に関しては，基準等に即して理論的に決めていくことを前提に「最小限度にとどめる」に越したことはないと考えますので，監査法人や経営者からの上記のような要求については，しっかり協議をしたうえでJ-SOXの評価範囲は最小限に死守するようにしています。

第7章

内部統制のマクロレベル
評価範囲最適化の実務

　第6章にて，内部統制対応最適化の最大のポイントは評価範囲の決定にあるものの，それにもかかわらず企業の理解不足から企業にとって適切な評価範囲が決定できておらず，無駄な作業が生じているケースが多い旨を解説しました。そこで本章では，評価範囲の決定方法と最適化のポイントについて，具体的に解説していきたいと思います。

この章のポイント

- 評価範囲決定の手順を理解する
- カテゴリーごとに評価範囲を決定する
- 例外ルールをうまく活用する
- 中央集権化・画一化を考慮する

第1節　評価範囲の決定手順サマリー

(1)　マクロレベルの評価範囲の最適化

前述のとおり，本書では，評価対象プロセスを絞り込み，プロセスレベルの評価対象範囲を必要最小限度に決定することを"マクロレベルの評価範囲の最適化"と呼びます（なお，評価対象とされた各プロセスの中で，リスクや統制の識別を必要最小限度に決定していくことを，"ミクロレベルの評価範囲の最適化"と呼びます）。

通常，マクロレベルの最適化は計画フェーズにて，ミクロレベルの最適化は文書化フェーズにて検討していくことになりますが，ここではより大きなインパクトのある計画フェーズにおける評価範囲の決定方法，すなわちマクロレベルの評価範囲の最適化を解説していきます。

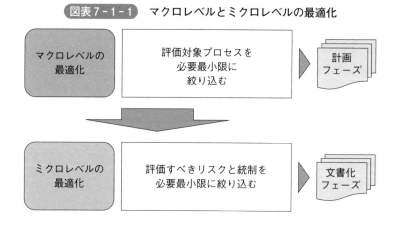

図表7-1-1　マクロレベルとミクロレベルの最適化

(2)　財務報告に係る内部統制のカテゴリー分け

具体的なマクロレベルの評価範囲決定の手順を解説する前に，まずは基準上の財務報告に係る内部統制のカテゴリーを整理しておきます。基準上，財務報告に係る内部統制は，大きく下記の種類に分けられます。

- 全社的な内部統制

- （業務）プロセスレベルの内部統制

そして，プロセスレベルの内部統制はさらに，以下に分けられます。

- 全社レベルの決算・財務報告プロセスに係る内部統制
- （重要な事業拠点における）事業目的に大きく関わる勘定科目に至る業務プロセス（本書では以下「重要プロセス」といいます）
- その他の質的に重要な勘定科目に至る業務プロセス（本書では以下「その他個別プロセス」といいます）

図表 7 - 1 - 2　**財務報告に係る内部統制の全体像**

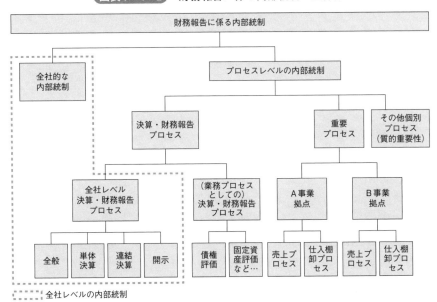

以上の各プロセスに係る内部統制の評価範囲の決定方法を，**図表 7 - 1 - 3** の順に説明していきたいと思います。

図表7-1-3　マクロレベル評価範囲決定ステップ

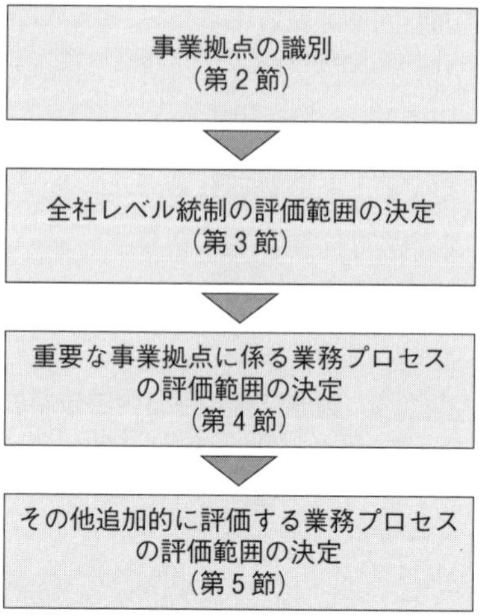

事業拠点の識別
（第2節）

↓

全社レベル統制の評価範囲の決定
（第3節）

↓

重要な事業拠点に係る業務プロセス
の評価範囲の決定
（第4節）

↓

その他追加的に評価する業務プロセス
の評価範囲の決定
（第5節）

第2節　事業拠点の識別

(1)　事業拠点とは

評価範囲の決定に際し，重要な概念となるのが「事業拠点」です。

事業拠点は，企業グループにおける事業の管理単位を意味しますので，法人格単位として識別されるほか，事業部・セグメント単位，支店単位，地域支部単位といった事業拠点の識別方法が考えられます。

（実施基準Ⅱ.2.(2)①（注1））

　事業拠点は，必ずしも地理的な概念にとらわれるものではなく，企業の実態に応じ，本社，子会社，支社，支店のほか，事業部等として識別されることがある。

（監査の実務上の取扱い第90項）

　事業拠点は，企業集団を構成する会社単位で捉えることが多いと考えられるが，必ずしも地理的な概念や法的な組織区分にこだわる必要はなく，経営者が企業集団の経営管理（権限委譲の状況や事業上のリスク，プロセスや経営管理手法の同質性等を含む。）の実態に応じて事業拠点を識別しているかどうかを検討する必

要がある。例えば，企業集団が事業部制により運営されており，事業部ごとに特色ある事業と管理体制がとられている場合は，各事業部で管理している子会社を含めて各事業部を事業拠点として捉えた方が適切な場合もある。また，各都道府県や地域ごとに販売会社を設立している場合は，販売会社をまとめて一つの事業拠点として捉えた方が適切な場合もある。

(2)　効率化のポイント

　評価戦略上，評価範囲の最小化という観点からは，どのように事業拠点を"くくる"のが，業務フローの同質性（すなわち，文書化パターンの簡素化）や連結売上高のカバレッジ（カバー率）を踏まえて望ましいのか，検討することになります。後々最も効率的に評価範囲を絞ることができるのか，会社単位であったり，事業部単位であったり，セグメント単位であったりと，さまざまなパターンでシミュレーションを重ねます。

　特に，共通の業務フロー（事業）ごとに事業拠点を識別していくことは，そ

図表7-2-1　**事業拠点の識別パターン例**

		いろは株式会社グループ								
		いろは株式会社（親会社）			ドレミ株式会社（国内子会社）			アルファベット Inc.,（海外子会社）		
		いろは事業			ドレミ事業			AB事業部		CD事業部
		い支店	ろ支店	は支店	ド支店	レ支店	ミ支店	a支店	b支店	c支店	d支店
日本	関東	●			●						
	関西			●		●	●				
海外	北米							●	●		
	アジア									●	
	欧州										●

識別される事業拠点数

● 支店単位を事業拠点とした場合　　10
□ 地域別に事業拠点を識別した場合　5
┈ 事業別に事業拠点を識別した場合　4
▢ 法人格別に事業拠点を識別した場合　3

の後の文書化作業や評価手続を効率化させることにつながりますので，例えば物理的に拠点が離れていたとしても，業務フローの同質性を意識しながら事業単位で事業拠点を識別することをお勧めします。

第3節　全社レベル統制の評価範囲の決定

(1)　全社レベル統制とは

　本書では，後述の「全社的な内部統制」と「全社レベル決算・財務報告プロセスに係る内部統制」を合わせた概念として「全社レベル統制」と呼ぶことにします。「全社レベル統制」は，企業ないし企業グループ（企業集団）全体に影響を与える内部統制です。

(2)　全社的な内部統制とは

　「全社的な内部統制」とは，企業集団全体に関わり，連結ベースでの財務報告全体に重要な影響を及ぼす内部統制をいうとされています（実施基準Ⅱ.2.(1)）。基準においては，全社的な内部統制は，企業グループ全体の財務報告の信頼性に重要な影響を与える，最も重要な統制という位置づけになっています。

　J-SOX の特徴の1つである，トップダウン型のリスク・アプローチ(※)に伴い，全社的な内部統制をしっかりと整備・運用し，有効性を保つことで，この後の業務プロセスレベルの統制評価範囲を縮小，または手続を簡素化させることができることとされています。よって，内部統制の評価範囲を最小化させるためには，まずは全社的な内部統制を「有効」にすることが最低限の前提条件であり，以降の業務プロセスの評価範囲においても全社的な内部統制が「有効」であることを前提に話を進めます。それどころか，全社的な内部統制の不備は「開示すべき重要な不備」の例示として挙げられています（実施基準Ⅱ.3.(4)①）。内部統制報告書の意見形成の観点からも，全社的な内部統制を有効に保つことは最低限の条件となります。

　　※　トップダウン型のリスク・アプローチとは，まず連結ベースでの全社的な内部統制の評価を行い，その結果を踏まえて，財務報告に係る重要な虚偽記載につながるリスクに着眼して，必要な範囲で業務プロセスに係る内部統制

を評価するアプローチのこと。全社的な内部統制が有効でないと，業務プロセスに係る内部統制の評価方法をより厳格なものに切り替え，また評価の範囲や抽出するサンプル数も拡大しなければならなくなります。

図表7-3-1　全社的な内部統制の有効性による影響

全社的な内部統制を有効に保つことで期待される効率化の効果例
・重要な事業拠点など，業務プロセスの評価範囲の縮小
・翌期の評価手続の簡素化（運用テストにおける前期の評価結果の利用など）
・監査法人等による自社の評価結果の利用

開示すべき重要な不備となりうる，全社的な内部統制の不備の例
・経営者が財務報告の信頼性に関するリスクの評価と対応を実施していない。
・取締役会または監査役もしくは監査委員会が財務報告の信頼性を確保するための内部統制の整備および運用を監督，監視，検証していない。
・財務報告に係る内部統制の有効性を評価する責任部署が明確でない。
・財務報告に係るITに関する内部統制に不備があり，それが改善されずに放置されている。
・業務プロセスに関する記述，虚偽記載のリスクの識別，リスクに対する内部統制に関する記録など，内部統制の整備状況に関する記録を欠いており，取締役会または監査役もしくは監査委員会が，財務報告に係る内部統制の有効性を監督，監視，検証することができない。
・経営者や取締役会，監査役または監査委員会に報告された全社的な内部統制の不備が合理的な期間内に改善されない。

監査の実務上の取扱い第137項
　経営者は，全社的な内部統制の評価結果が有効であると判断できる場合は，業務プロセスに係る内部統制の評価に際して，サンプリングの範囲を縮小するなど簡易な評価手続をとり，又は重要性等を勘案し，評価範囲の一部について，一定の複数会計期間ごと（例えば3年ごと）に評価の対象とすることが考えられる。

(3)　全社レベル決算・財務報告プロセスに係る内部統制とは

①　全社レベルと業務プロセスとしての決算・財務報告プロセス

　決算・財務報告プロセスに係る内部統制とは，主に経理部における会計処理や財務諸表作成，開示といった一連の決算・開示作業に係る内部統制のことで，

業務プロセスに係る内部統制（すなわち，全社的な内部統制以外の内部統制）の1つです。

　ただし，決算・財務報告プロセスは，全社的な観点で評価することが適切な部分（本書では以下「全社レベル決算・財務報告プロセス」といいます）と，個別の業務プロセスとして評価することが適切な部分（以下「業務プロセスとしての決算・財務報告プロセス」といいます）に分けられると考えられ，それぞれについて評価範囲を決定したうえで，評価を実施していくこととなります。

> **監査の実務上の取扱い第168項**
> 　内部統制評価の実施基準では，決算・財務報告に係る業務プロセスを，全社的な観点で評価することが適切と考えられるものと財務報告への影響を勘案して個別に評価対象に追加することが適切なものがあるとの整理がされている。これは，連結会計方針の決定や会計上の予測，見積りなど経営者の方針や考え方等のように全社的な内部統制に性格的に近いといえるものと，個別財務諸表作成に当たっての決算整理に関する手続等は，業務プロセスに係る内部統制に近い性格があるとの解釈と考えられる。

②　決算・財務報告の特殊性を踏まえた評価計画

　ところで，決算・財務報告プロセスは，この後ご紹介する他の業務プロセスと比べ，以下のような特徴があります。

- 財務報告の最下流の工程であること（財務報告に与える影響が直接的かつ重要）
- 実施頻度が少ないこと（多くて月〜四半期に1回，場合によっては年度末に1回のみ）
- コントロールの多くが決算期末日の後に実施されること（ほとんどの決算整理仕訳や開示作業は決算期末日後にしかできない）

　上記3つの特徴を踏まえると，財務報告に与える影響が大きい領域であるにもかかわらず，不備を改善できるチャンスは他の業務プロセスと比べて極めて少ないため，評価スケジュールの策定の際には，前期決算実績をサンプルとし

て極力早めに期中評価を実施し，不備改善を経理担当にフィードバックしておくことをお勧めします。

⑷　全社的な内部統制，および全社レベル決算・財務報告プロセスに係る内部統制の評価範囲の決定方法

①　基準上の原則

基準上，全社的な内部統制の評価範囲は，原則としてすべての事業拠点としています（実施基準Ⅱ.2.(2)）。すなわち，有価証券報告書提出会社（連結親会社）のみならず，その子会社や持分法適用関連会社も，原則的に全社的な内部統制の評価対象に含まれます。

また，決算・財務報告プロセスのうち，全社レベル決算・財務報告プロセスも基準上，全社的な内部統制に準じ，全社的な内部統制と同様の評価範囲とすることと規定されていることから，原則としてすべての事業拠点を評価対象とすることとなります。

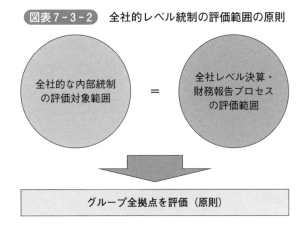

図表 7 - 3 - 2　全社的レベル統制の評価範囲の原則

②　効率化のポイント

⒜　僅少拠点の排除

このように，全社的な内部統制および全社レベル決算・財務報告プロセスに係る内部統制は，原則としてすべての事業拠点が評価対象となります。ただし，基準においては，「財務報告に対する影響の重要性が僅少である事業拠点に係

るものについて，その重要性を勘案して，評価対象としない」ことも許容されています。

　ここで，「財務報告に対する影響の重要性が僅少である事業拠点」の判断については，例えば，売上高で全体の95％に入らないような連結子会社は僅少なものとして，評価の対象から外すといった取扱いが考えられるとされています。しかしながら，その判断は，経営者において，必要に応じて監査人と協議して行われるべきものであり，特定の比率を機械的に適用すべきものではないことに留意する点も併せて述べられています。

　そこで，評価戦略上，評価範囲最小化の観点からは，連結売上高を，先に識別した事業拠点ごとに分解して，上位からランキング化し，上位95％をカバーするに至る事業拠点にのみ評価対象を絞り込むことも考えられます。

図表7-3-3　僅少拠点除外による全社レベル統制の最小化

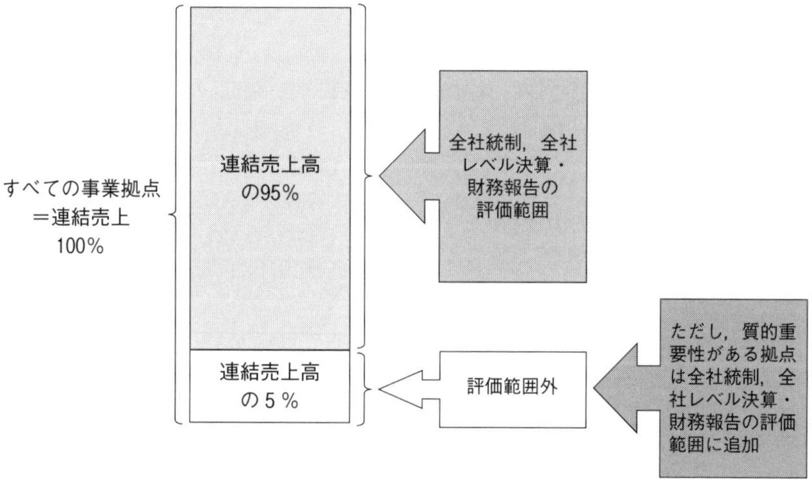

(b)　中央集権化，業務画一化による簡素化

　グローバル化が進んだ企業グループや，M&Aを重ねて構築された企業グループについては，意思決定をより現場に近いところで迅速に行う観点，また子会社の経営を尊重する観点から，業内部統制の整備も含め業務のあり方や承認事項の大部分について子会社に裁量と意思決定権限を与えている（子会社に

図表7-3-4　全社的レベル統制の評価範囲決定例

事業拠点名	連結売上高（千円）	比率	累計比率	
1　親会社A	6,000,000	30.00%	30.00%	連結売上高95%に至るまでの事業拠点のみ評価対象に含める
2　子会社b	5,000,000	25.00%	55.00%	
3　子会社c	2,500,000	12.50%	67.50%	
4　子会社d	2,400,000	12.00%	79.50%	
5　子会社e	1,900,000	9.50%	89.00%	
6　子会社f	1,250,000	6.25%	95.25%	
7　子会社g	500,000	2.50%	97.75%	5％に至らない事業拠点を評価対象外とすることで，効率化を図る
8　子会社h	300,000	1.50%	99.25%	
9　子会社i	150,000	0.75%	100.00%	
連結売上高	20,000,000	100.00%		

権限移譲している）場合があります。求心力（中央集権型）と遠心力（地方分散型）といった表現で説明される場合もあり，企業の事業規模や経営理念によってもガバナンス構造は変わるため，子会社への権限移譲の程度自体について良し悪しを語るつもりはありません。

　しかしながら，内部統制対応の効率化，評価戦略という観点からは，子会社全社レベルの内部統制のうち，特に統制環境に関する項目や，決算・財務報告プロセスの全般的事項は，親会社が企業グループ全体を統治するように中央集権化させたほうが，実質的な評価範囲を大幅に縮小させることが可能と考えます。また，評価対象となる子会社においても，子会社別に独自の管理運営方法を許さずに，企業グループにおける画一化された規程の利用（例：決裁権限規程や人事考課規程，研修制度など）や統一システムとそれに伴うシステム管理規程，グループレベルの内部監査機能などを整備・運用することで，実質的な評価の範囲を縮小させることが可能になります。

第4節　重要な事業拠点における業務プロセスの評価範囲の決定

(1)　業務プロセスに係る内部統制対応は負荷が重たい

　ここまでは，「全社的な内部統制」や「全社レベル決算・財務報告プロセス」といった全社横断的な内部統制の評価範囲について述べてきました。ここから

は，内部統制対応の中でおそらく最も業務負荷が「重たい」，すなわち業務が多くなるであろう，売上高や売上原価といった個別の勘定科目に至る業務プロセス（以下「業務プロセス」といいます）について，どのように評価範囲を決定していくのか解説していきます。

　売上高に至る業務プロセス（売上プロセス）や売上原価に至る業務プロセス（仕入プロセス）は，企業の本業に関わる業務プロセスゆえ，日々，膨大な取引が絶え間なく発生している業務領域です。また，例えば国内販売と輸出販売など業務や相手先，地域の違いによって，部署や業務フローのパターンが違うことも一般的です。そのため，内部統制評価にあたっては，「売上高」1つとっても，異なる業務フローパターンごとに文書化，評価手続が必要になりますし，識別した内部統制の有効性を評価するにあたり，年間に発生した膨大な取引の中から，統計学的に信頼性ある結論を出すに足りる十分なサンプル数の抽出とチェックが必要（すわなち，サンプルの数だけエビデンスの準備作業とチェック作業が必要）になります。

　そのため内部統制関係者は，このような対応負荷が「重たい」業務プロセスについても，全社レベルの内部統制と同様，企業グループレベルで原則として全拠点を評価する必要があるのではないか，と危惧されるのではないでしょうか。

　しかしながら幸い，答えはノーです。なぜなら，先述のとおり，内部統制報告制度は「トップダウン型のリスク・アプローチ」を採用しているからです。全社的な内部統制の有効性を確認したうえで，事前に重要な事業拠点に絞って評価範囲を決定するとともに，適宜に評価範囲の妥当性を見直しながら，必要十分な範囲のみ評価を実施していけば足りるのです。

(2)　重要な事業拠点の選定

　評価対象とすべき業務プロセスを特定する最初のステップとして，まず評価対象とする事業拠点を選定します。

　例えば，企業が複数の事業拠点を有する場合には，評価対象とすべき事業拠点を売上高等の重要性によって決定します（これを「重要な事業拠点」の選定といいます）（実施基準Ⅱ．2．(2)①）。

　実施基準では，重要な事業拠点の選定方法として，「例えば，本社を含む各事業拠点の売上高等の金額の高い拠点から合算していき，連結ベースの売上高等の一定の割合に達している事業拠点を評価の対象とする」と例示するとともに，一定割合の例として，「連結ベースの売上高等の一定割合を3分の2程度」と示しています。すなわち，事業拠点ごとに（原則として内部取引消去後）売上高を上位ランキング化し，連結売上高の約67％（約3分の2）をカバーするに至るまでの事業拠点を「重要な事業拠点」として評価対象とすれば，制度上要求される最低ラインを超えることになります。

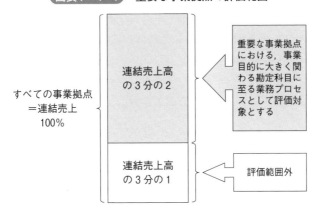

図表7-4-1　重要な事業拠点の評価範囲

図表7-4-2　重要な事業拠点の範囲決定例

事業拠点名	連結売上高（千円）	比率	累計比率
1　親会社A	6,000,000	30.00%	30.00%
2　子会社b	5,000,000	25.00%	55.00%
3　子会社c	2,500,000	12.50%	67.50%
4　子会社d	2,400,000	12.00%	79.50%
5　子会社e	1,900,000	9.50%	89.00%
6　子会社f	1,250,000	6.25%	95.25%
7　子会社g	500,000	2.50%	97.75%
8　子会社h	300,000	1.50%	99.25%
9　子会社i	150,000	0.75%	100.00%
連結売上高	20,000,000	100.00%	

①　３分の２を下回ることが許容されるケース

当該事業拠点が前年度に重要な事業拠点として評価範囲に入っている場合で，

- 前年度の当該拠点に係る内部統制の評価結果が有効であること
- 当該拠点の内部統制の整備状況に重要な変更がないこと
- 重要な事業拠点の中でも，グループ内での中核会社でないなど特に重要な事業拠点でないこと

を確認できた場合には，当該事業拠点を本年度の評価対象としないことができるとされ，その場合，結果として，売上高等のおおむね３分の２を相当程度下回ることがありうるとされています（実施基準Ⅱ.２.(2)①（注２））。

②　逆に３分の２以上に範囲を増やすことが求められるケース

業務プロセスに係る内部統制の評価範囲の決定は「トップダウン型のリスク・アプローチ」が基本であることから，全社的な内部統制が有効と判断されない場合には，３分の２以上に増やす必要が出てきます。

ただし，具体的にどこまで割合を増やすのかは基準で具体的に明示されていません。したがって，企業がしっかりと理論武装をしたうえで，最終的には監査法人との協議事項となると考えられます。

③　関連会社の検討

関連会社については，連結ベースの売上高に関連会社の売上高が含まれていないことから，当該関連会社の売上高等をそのまま上記の一定割合の算出に当てはめることはできません。そのような場合における取扱いとして，基準では，別途，各関連会社の財務報告に対する影響の重要性を勘案して評価対象を決定することとされています（実施基準Ⅱ.２.(2)①（注３））。しかし，具体的な量的基準値などは示されていないことから，実務の現場では問題となる可能性があります。

金融庁公表のQ&A（問５）においては，関連会社の利益に持分割合を掛けたものと連結税引前利益とを比較する方法のほか，関連会社の売上高に持分割合を掛けたものと連結ベースの売上高を比較する方法などが例として挙げられ，このような方法を容認しています。

④ 効率化のためのポイント

文書化作業や評価手続の負荷の程度は，連結売上高の3分の2をカバーするに至る事業拠点として，どのように事業拠点をまとめて識別するかで大きく変わってきます。そのため，効率化の観点からは，事業拠点の識別単位を決定するにあたり，以下の点に注意しながら慎重に決定する必要があります。

ⓐ 業務フローの同質性，母集団の同一性

子会社や支店など，たとえ法人格や物理的には複数の事業拠点であったとしても，内部統制実務に際しては業務フローが同じ事業を1つの"事業拠点"としてひとまとめに束ねることができれば，文書化作業は1か所で済みます。

また，その後評価手続を行うに際しても，全体の母集団（内部統制評価の対象となる，個々の取引情報によって構成される，取引情報の集合体。例えば○○月度の売上高明細）を大きくまとめることができるため，支店ごとに母集団を設定しサンプリングする方法と比べて，相対的にサンプル数を減らすことが可能になります。

例えば，国内に同一のシステムにより売上データを管理されている，同じ業務を行う5つの支店があったとしましょう。もし，事業拠点を5つそれぞれの単位で識別してしまうと，母集団もそれぞれで識別することになるため，評価時のサンプリングも各支店で25件ずつ（すなわち，25件×5支店＝全125件）といったサンプル数が必要になります。他方で，もし同一業務として5つの支店を1つの事業拠点として識別すれば，5つの支店全体の取引情報を1つの母集団として識別できるため，サンプル数も全部で25件で済むことになります。つまり，事業拠点の識別の仕方だけで評価時の手間が5倍も変わってくるのです。

そのため，なるべく業務フローが同一の単位で事業拠点を識別することが，後々の作業負荷の効率化の観点から有効です。

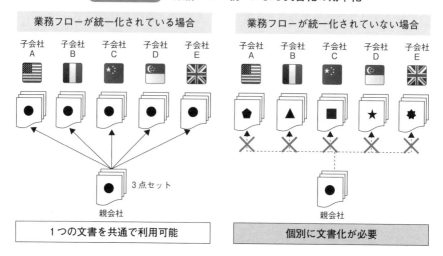

図表 7 - 4 - 3　業務フロー統一による文書化の効率化

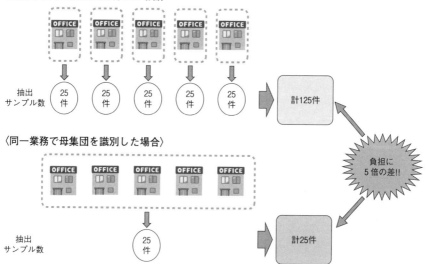

図表 7 - 4 - 4　事業拠点の識別方法による負荷の差

※　サンプル数は AICPA，"Audit Sampling" の Table2 Statistical Sample Sizes for Compliance Testing Ten-Percent Risk of Overreliance (with number of expected errors in Parentheses) を参考。

(b) 連結売上高に対するカバレッジ

　より多くの売上高を１つの事業拠点にまとめるように事業拠点を識別すると，数としては少ない事業拠点に評価対象を絞ることが可能です。しかし，事業拠点としてまとめた，物理的な各事業体（例えば支店など）の業務フローが統一化されていない場合は，実質的に評価対象範囲を広げてしまうことになります。そのため，事業拠点を識別する際は，表面的な売上高の高い事業拠点のくくり方を採用することのないよう，慎重な検討が必要です。

図表7-4-5　事業拠点の識別方法によるカバレッジへの影響

〈法人格単位で事業拠点を識別した場合〉

No.	事業拠点（法人名）	事業セグメント	連結売上高（千円）	比率	累計比率
1	親会社A	A事業	6,000,000	30.00%	30.00%
2	子会社b	B事業	5,000,000	25.00%	55.00%
3	子会社c	A事業	2,500,000	12.50%	67.50%
4	子会社d	A事業	2,400,000	12.00%	79.50%
5	子会社e	A事業	1,900,000	9.50%	89.00%
6	子会社f	A事業	1,250,000	6.25%	95.25%
7	子会社g	B事業	500,000	2.50%	97.75%
8	子会社h	B事業	300,000	1.50%	99.25%
9	子会社i	B事業	150,000	0.75%	100.00%
	連結売上高トータル		20,000,000	100.00%	

A社，b社，c社の3拠点のみ業務を文書化・評価すればOK！

〈事業セグメント単位で事業拠点を識別した場合〉

No.	事業拠点（事業セグメント）	法人名	連結売上高（千円）	比率	累計比率
1	A事業	親会社A	6,000,000	30.00%	30.00%
3	A事業	子会社c	2,500,000	12.50%	42.50%
4	A事業	子会社d	2,400,000	12.00%	54.50%
5	A事業	子会社e	1,900,000	9.50%	64.00%
6	A事業	子会社f	1,250,000	6.25%	70.25%
2	B事業	子会社b	5,000,000	25.00%	95.25%
7	B事業	子会社g	500,000	2.50%	97.75%
8	B事業	子会社h	300,000	1.50%	99.25%
9	B事業	子会社i	150,000	0.75%	100.00%
	連結売上高トータル		20,000,000	100.00%	

事業拠点数は１つだが，実質的に5社の業務を文書化・評価しなければならなくなってしまう！

　なお，業務フローが複雑な拠点が重要な事業拠点に入らないような事業拠点の識別方法をあえて選択するという考え方も，なきにしもあらずです。例えば，**図表7-4-5**の事業セグメント単位で事業拠点を識別した場合では，法人格単位で識別した場合と比べ，子会社ｂが重要な事業拠点から外れる結果となります。そのため，仮に子会社ｂの業務フローが複雑で，評価戦略の観点からｂ社を重要な事業拠点から除外したいという思惑がある場合には，（同図表では評価対象会社数は増えるものの）あえて事業セグメントを単位とした事業拠点の識別方法も考えられます。

(3)　評価対象とする業務プロセスの識別

①　３つの重要勘定に至る業務プロセス

　重要な事業拠点が決まったら，その重要な事業拠点の中で，どの業務プロセスを評価していくのか，「業務プロセスの選定作業」が必要となります。「（重要な事業拠点における）事業目的に大きく関わる勘定科目に至る業務プロセス」の識別です。ここでは「重要勘定に至る業務プロセス」や「重要プロセス」と表現します。

　基準上，重要勘定として，一般的な事業会社を前提とし，原則として，以下の３勘定を挙げています。

> ・売上
> ・売掛金
> ・棚卸資産

　これら３つの重要勘定に至る業務プロセスは，原則として，すべての業務フローを評価の対象とする必要があります。

　例えば，売上高に至る業務プロセスの中でも，国内販売と輸出販売，また卸売と小売があり，それぞれ異なる固有の業務フローがあったとしましょう。重要勘定である売上高に占める割合は，国内販売の卸売が80％，国内小売が15％，輸出販売が５％の割合であったとして，基準に基づけば，原則としては，それらすべての業務フローについて評価が必要となるのです。

　なお，棚卸資産に至る業務プロセスには，販売プロセスのほか，在庫管理プ
ロセス，期末の棚卸プロセス，購入プロセス，原価計算プロセス等が関連して
くると考えられますが，これらのうち，どこまでを評価対象とするかについて
は，企業の特性等を踏まえて，虚偽記載の発生するリスクが的確に捉えられる
よう適切に判断される必要があり，監査法人との重要な協議論点となると考え
られます。

②　重要勘定に至る業務プロセス選定時の効率化ポイント

ⓐ　業務関連性および財務報告影響が低いプロセスの除外

　上述のとおり，重要勘定に至る業務プロセスは原則としてすべての業務プロ
セスを評価する必要があります。ただし，例えば，当該重要な事業拠点が行う
重要な事業または業務との関連性が低く，財務報告に対する影響の重要性も僅
少である業務プロセスについては，それらを評価対象としないことができます。
　そして，財務報告に対する影響が僅少かどうかの実務的な判断としては，監
査の実務上の取扱いに次のように示されています。

監査の実務上の取扱い第104項

　例えば，経営者が以下のいずれかの方法又は組み合わせに基づき毎期継続して
判定している場合には，監査上，妥当なものとして取り扱うことが適当である。
- 各重要な事業拠点で，評価対象から除外した取引種類に関連する事業目的に
  大きく関わる勘定科目残高が各事業拠点の企業の事業目的に大きく関わる勘
  定科目残高に及ぼす影響度
- 各重要な事業拠点で，評価対象から除外した取引種類に関連する企業の事業
  目的に大きく関わる勘定科目残高の合計が事業目的に大きく関わる勘定科目
  の連結財務諸表残高に及ぼす影響度

　また，実施基準においては，機械的に適用すべきではないとの注意点を示し
つつも，「重要な事業又は業務との関連性が低く，財務報告に対する影響の重
要性も僅少なもの」から除外可能な基準値として，以下のように「5％」とい
う僅少性の基準値を示しています。

実施基準Ⅱ. 2.(2)②イ

（注1）「企業の事業目的に大きく関わる勘定科目」については，（売上，売掛金及び棚卸資産の3勘定はあくまで例示であり，）個別の業種，企業の置かれた環境や事業の特性等に応じて適切に判断される必要がある。

　　　　例えば，銀行等の場合，預金・貸出業務等を中心とする多くの銀行等については，預金，貸出金，有価証券の3勘定に至る業務プロセスを，原則的な評価対象とすることが考えられる。

（注2）重要な事業拠点における企業の事業目的に大きく関わる勘定科目に至る業務プロセスの評価範囲については，経営者が重要な虚偽記載の発生するリスクを勘案して，企業ごとに適切に判断すべきものであり，その判断基準について，一概に言うことは適切ではないと考えられるが，例えば，売上を「企業の事業目的に大きく関わる勘定科目」としている場合において，売上に至る業務プロセスの金額を合算しても連結売上高の概ね5％程度以下となる業務プロセスを，重要な事業又は業務との関連性が低く，財務報告に対する影響の重要性も僅少なものとして評価の対象からはずすといった取扱いはありうるものと考えられる。なお，この「概ね5％程度」については機械的に適用すべきでないことに留意する。

以上のことから，評価範囲最小化の観点からは，社内で評価範囲決定に関する判断基準や判断過程，結論の根拠をしっかりと記録したうえで，以下のような業務プロセスは評価対象から除外することが可能と考えられます。

- 各重要な事業拠点で評価対象から除外した重要勘定に至る業務プロセスが，各事業拠点の当該重要勘定の5％以下となる業務プロセス
- 評価対象から除外した重要勘定に至る業務プロセスの合計が，当該重要勘定の連結合計の5％以下となる業務プロセス

例えば，先の①の例の売上プロセスの中でも95％をカバーするに至る国内取引（国内卸売80％＋国内小売15％）の業務フローは文書化・評価対象とするものの，残り5％に含まれる輸出売上に係る業務フローは文書化・評価の対象外とすることが考えられます。

(b)　買掛金の消込みにかかる業務プロセスの除外

先述のとおり重要勘定は「売上・売掛金・棚卸資産」です。

そのため，棚卸資産勘定の形成過程である，"仕入"プロセス，すわなち，「(借方)仕入(棚卸資産)／(貸方)買掛金」という買掛金の計上サイドの業務プロセスは，重要プロセスとして評価対象に含める必要があると考えられます。

しかしながら，計上された買掛金を減少させる，「(借方)買掛金／(貸方)現預金」の業務プロセスは，もはや棚卸資産勘定から離れた業務プロセスになるため，評価対象から外したとしても問題はないと思われます。実際，筆者のコンサルティング先では，基本的に当該プロセスは重要プロセスから除外しています（いずれの企業も大手監査法人による監査を受けていますが，協議・交渉の末，除外することが問題になったケースはありません）。

(c)　原価計算プロセスの評価対象を限定化する

原価計算プロセスについては，基準上も期末の在庫評価に必要な範囲を評価対象とすれば足りると考えられ，必ずしも原価計算プロセスの全工程にわたる評価を実施する必要はないとされています。

(4)　収益認識基準適用による評価範囲への影響

第1章第4節(2)で触れたとおり，2021年4月1日以後開始する連結会計年度および事業年度の期首から収益認識基準が適用されることになります。

収益認識基準の適用により，さまざまな業種の企業が収益の計上額に影響を受けることになります。例えば，従来全額売上として計上されてきた返品リスクのある販売取引や，ポイント付の商品・サービス販売などについて，一部の金額が売上計上できなくなります。その結果，内部統制評価範囲決定に際して，分母として用いられる連結売上高，および各事業拠点の売上高に影響が出てくることが予想されます。

また，本会計基準の適用により，内部統制の評価範囲の決定上，最も大きな影響を及ぼすと予想されるのは，百貨店においてよく見られる消化仕入や，商社においてよく見られる在庫リスクを伴わない売上など，いわゆる代理売上取引です。

本会計基準に基づくと，自社で在庫リスク等を負わない代理売上については，

手数料相当分のみを売上として計上することとされています。そのため，従来売上高と売上原価を総額で計上していた百貨店や商社に関しては，自社の売上高と売上原価とが相殺表示され純額化されることで，一気に売上高の金額が減ることとなります。

　当然，内部統制の評価範囲の決定の際に用いられる連結売上高と各事業拠点の売上高の額も大きく変更されますので，その結果，「全社レベルの内部統制」や「重要な事業拠点」の範囲の見直しが必要となる可能性がある点，注意が必要です。

図表7-4-6　収益認識会計基準の適用に伴う内部統制評価範囲への影響

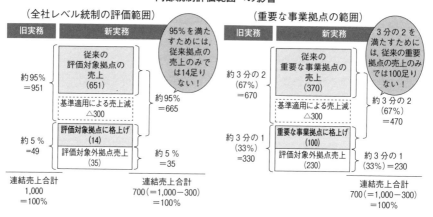

第5節　その他追加的に評価する業務プロセスの評価範囲の決定

(1)　質的重要性の考慮要素

　ここまで,「全社的な内部統制」や「全社レベル決算財務報告プロセス」, さらには「重要な事業拠点における, 財務報告に重要な影響を与える勘定科目に至る業務プロセス（いわゆる重要プロセス)」の評価範囲について解説してきました。これらの評価範囲の決定方法は, 連結売上高の95％や, 3分の2といった量的な重要性の基準値に基づき決定されることを説明しました。

　ただ, 残念ながら, プロセスレベルの内部統制の評価はこれだけに限りません。なぜなら, 実施基準において, 経営者は量的重要性の観点から評価範囲を決めた「重要プロセス」等に加え, 財務報告への影響を勘案して質的重要性の観点からも, 追加的に評価すべき業務プロセスの有無を検討する必要がある旨, 定められているからです（実施基準Ⅱ.2.(2)②ロ)。

　質的重要性判断の考慮要素としては, 実施基準において以下のa～dの4項目が示されています。

　a．リスクが大きい取引を行っている事業または業務に係る業務プロセス
　　例えば, 財務報告の重要な事項の虚偽記載に結びつきやすい事業上のリスクを有する事業または業務（例えば, 金融取引やデリバティブ取引を行っている事業または業務や価格変動の激しい棚卸資産を抱えている事業または業務など)や, 複雑な会計処理が必要な取引を行っている事業または業務を行っている場合には, 当該事業または業務に係る業務プロセスは, 追加的に評価対象に含めることを検討する必要があります。

　b．見積りや経営者による予測を伴う重要な勘定科目に係る業務プロセス
　　例えば, 引当金や固定資産の減損損失, 繰延税金資産（負債）など, 見積りや経営者による予測を伴う重要な勘定科目に係る業務プロセスで, 財務報告に及ぼす影響が最終的に大きくなる可能性があるものは, 追加的に評価対

象に含めることを検討する必要があります。経営者や経理担当者による恣意
性が介在する余地が大きい項目だからです。

c．非定型・不規則な取引など虚偽記載が発生するリスクが高いものとして，
　特に留意すべき業務プロセス

　　例えば，通常の契約条件や決済方法と異なる取引，期末に集中しての取引
や過年度の趨勢から見て突出した取引等非定型・不規則な取引を行っている
ことなどから虚偽記載の発生するリスクが高いものとして，特に留意すべき
業務プロセスについては，追加的に評価対象に含めることを検討する必要が
あります。慣れない取引に係る会計処理は誤る危険性が高いからです。

d．上記その他の理由により追加的に評価対象に含める特定の取引または事
　象

　　例えば，コベナンツ（財務制限条項）に関係する事項，過去の不正・監査
指摘事項，上場廃止基準に関係する事項などが考えられます。
　この場合において，財務報告への影響の重要性を勘案して，事業または業務
の全体ではなく，特定の取引または事象（あるいは，その中の特定の主要な業
務プロセス）のみを評価対象に含めれば足りる場合には，その部分だけを評価
対象に含めることで足りるとされています。
　一般的には，上記の質的重要性の要件に照らして，追加的に評価対象となる
業務プロセスとしては，債権評価（貸倒引当金）や退職給付，税効果（特に繰
延税金資産の評価），投資や固定資産評価（減損）といった，いわゆる「業務
プロセスとしての決算・財務報告プロセス」が多いものと思われます。

(2)　効率化のポイント

①　重要性の基準値によるスクリーニング

　以上，量的重要性の観点から「重要プロセス」から除外されていたプロセス
が，質的重要性の観点から"敗者復活"的に評価範囲に含められる可能性があ
る点を解説しました。
　それでは，上記a～dに該当し，質的重要性があるとされる勘定や業務プロ

セスは，どんなに金額が小さくても評価対象に含める必要があるのでしょうか。

　これはあくまで筆者の意見ですが，答えは"ノー"であると考えます。

　なぜなら，内部統制報告制度の趣旨は，財務諸表上の"重要な虚偽記載"につながる内部統制の不備の有無を，投資家をはじめとする利害関係者に開示することであるため，たとえa～dに該当したとしても，投資家の投資意思決定に影響しないような僅少なプロセスまですべて評価する必要はないと考えるからです。

　このような考え方は，基準がトップレベル型のリスク・アプローチを採用することで，その他の業務プロセスに係る評価範囲を限定化させている基本的な立場にも整合するものと考えられます。よって，質的重要性の観点から追加的に評価する業務プロセスの範囲決定に際しても，金額的な重要性を加味して，最終的な評価範囲を決定することが可能と考えます。

　なお，基準上は評価範囲の決定時における重要性の基準値について，明確には言及していません。そのため，企業経営者が質的重要性のある業務プロセスについて，さらに金額的重要性をもって評価範囲の絞り込みを行うとするならば，専門的な判断のもと，独自に評価範囲の決定時における金額的な重要性の基準値を決定する必要があります。

　その際，注意すべきは，基準が「（評価の結果）発見された不備の重要性の基準値」として例示している「連結税引前当期純利益の5％」よりも，相当程度下回る金額に設定する必要がある点です。

　そうでなければ評価手続の実施対象の精度が粗くなってしまい，結果として開示すべき重要な不備が評価対象から漏れてしまう危険があるからです（開示すべき重要な不備は，単独の不備のみならず，複数の不備が合わさって重要と判断される場合もあるのです）。

　また，ベンチャー企業など赤字上場企業や，直近年度が赤字決算の企業の場合では，連結税引前当期純利益といったベンチマークが利用できないケースがあります。そのような場合には，代替的に連結総資産や連結売上高をベンチマークとする必要があると考えられます。しかし，これらのベンチマークは利益と比べると大きい金額であることが想定されるため，パーセンテージ設定の

際は，仮に税引前当期純利益をベンチマークとした場合の基準値と比べて著しく大きくならないよう，調整することが必要と考えられます。

②　全社レベル内部統制の評価から除外された拠点の排除

　その他追加的に評価する業務プロセス（質的に重要な業務プロセス）の評価対象決定にあたって検討する事業拠点の範囲について，基準では「重要な事業拠点及びそれ以外の事業拠点」と示しており，企業グループを構成する全事業拠点が質的重要性検討の対象であるとも読めます。

　しかしながら，基準において最も重要とされている「全社的な内部統制」ですら評価をしないような僅少な事業拠点（すなわち，連結売上高の95％に含まれない事業拠点）にまで，果たして業務プロセスの評価は必要なのでしょうか。

　あくまで筆者の見解ではありますが，トップレベル型のリスク・アプローチを採用している基準の趣旨に鑑みるならば，全社的な内部統制の評価範囲から除外された事業拠点については，質的重要性の検討対象から除外することは可能と考えます。

　ただし，経営者は，合理的に評価の範囲を決定し，当該内部統制の評価の範囲に関する決定方法および根拠等を適切に記録しなければならないとされており（基準Ⅱ. 2 .(2)），また監査法人への説明が必要になることから，なぜ質的重要性の検討対象から除外したのか，どの拠点を除外したのか，といった自社の論拠や判断基準，検討の過程，結果といった情報は「評価範囲決定調書」としてしっかりと記録しておく必要があります。

第6節　マクロレベル評価範囲の最適化による　　　　　コスト削減効果

　以上，評価範囲の決定に係る基準等のルールを紹介してきました。J-SOXのルールに従い，必要十分な範囲で評価範囲を決定できているか今一度見直してみると，評価範囲の無駄が見えてくるかもしれません。実際のところ，筆者の内部統制効率化コンサルティングの現場では，評価範囲を見直した結果，それまでの評価対象プロセス数と比べ，評価すべきプロセス数が数分の1にまで

減らせることがあります。先述のとおり，評価対象プロセス数を 1 個でも減らすことができれば，そのプロセスに対する文書化作業や毎期の評価手続，不備の改善評価など，その後の工程が不要になります。

　こうして浮いたリソースは，評価対象となったプロセスの評価品質の向上や，自社が必要と考えるリスクマネジメント領域に重点的に注入することが可能になります。また，不要な作業を減らすことで，内部統制担当のみならず，監査法人や現業部門担当者の時間の節約，つまりはコスト削減にもつながります。評価範囲を最適化していくことの経済効果はとても大きいのです。

図表 7-6-1　評価範囲最適化によるコスト削減効果（イメージ）

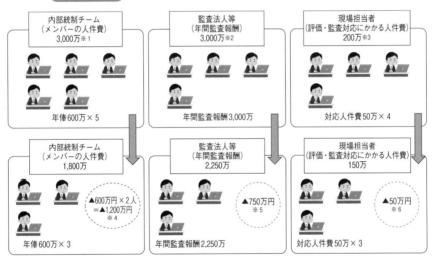

年間コスト削減効果：▲1,200万＋▲750万＋▲50万＝▲2,000万円!!
10年間のコスト削減効果＝▲2,000万円×10年＝▲ 2 億円!!

※ 1　東京商工リサーチによる2018年 3 月期決算「上場企業1,893社の平均年間給与」調査より，上場企業平均年収を600万円と想定（実際にはさらに交通費・法定福利費が計上されるが省略）。
※ 2　2018年版上場企業監査人・監査報酬実態調査報告書（日本公認会計士協会　監査人・監査報酬問題研究会）より，2015年，2016 年の上場企業監査報酬の中央値3,000万円と想定。
※ 3　※ 1 同様に年収を600万円と想定し，そのうち 1 か月分を評価・監査対応に費やしていると仮定。
※ 4　効率化によって，内部統制対応人員が 2 名削減できたものと仮定。
※ 5　効率化によって，監査コストが 4 分の 1 削減できたものと仮定。
※ 6　効率化によって，対応人件費が 4 分の 1 削減できたものと仮定。

図表7-6-2 マクロレベル評価範囲決定過程のまとめ

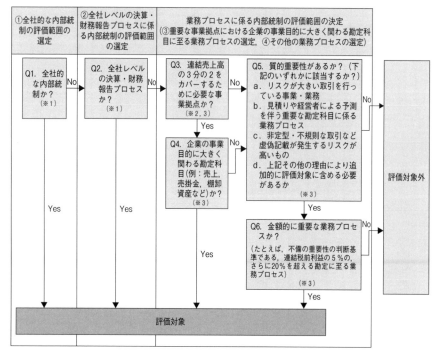

※1 全社的な内部統制および全社レベルの内部統制は原則的に全事業拠点が対象であるため，Q1，Q2ではいずれかに該当する場合（Yesの場合），評価対象としています。
※2 全社的な内部統制の評価結果が有効でない場合は，Q3のカバー率を3分の2よりも増加させる必要があります。
※3 Q1，Q2にて財務報告へ与える影響が僅少であることから評価対象外となった事業拠点がある場合には，Q3以降（特にQ5，Q6に影響が出ます）の検討対象に入れなくてもよいと考えます。

第8章
内部統制のミクロレベル
評価範囲最適化の実務

・・・

　本章では，前章に引き続き評価範囲の最適化のポイントをご紹介します。第7章が評価対象プロセスといったマクロ的な評価範囲の決定方法であったのに対し，本章はミクロ的な視点で，各評価対象プロセスにおいて評価対象となる財務報告リスクおよび対応するコントロール（内部統制）の識別方法のコツについて解説していきます。

この章のポイント

- 制度上評価すべきリスクを正しく理解することで無駄をなくす
- 統制とは何かを正しく理解することで無駄をなくす

第1節　J-SOX 制度においてフォーカスすべきリスクとは

「財務報告に係る内部統制の評価及び監査に関する基準」（以下「基準」）によれば，内部統制の目的，裏を返すと内部統制により低減すべきリスクの種類には下記4つがあるとされており，そのうち J-SOX の対象となるのは「財務報告の信頼性」に係るものとされています。

> - 業務の有効性および効率性
> - **財務報告の信頼性**
> - 事業活動に関わる法令等の遵守
> - 資産の保全

　実際には，1つの内部統制が他の目的にも重複して機能していることも多いため，"「財務報告の信頼性」に係る内部統制" を識別することは会計監査の知見がないと簡単ではありません。

　しかし，この "J-SOX＝財務報告に係る内部統制" の視点が欠落した結果，"業務の有効性や効率性"，"資産の保全" を目的とした内部統制ばかりを識別・評価し，逆に「財務報告の信頼性」の観点，もっというと不要なリスクや内部統制は識別しているのに，会計士監査の観点から評価すべきと考えるリスクや内部統制が識別できていないというケースが，筆者が関与するコンサルティン

図表 8-1-1　4つの内部統制と J-SOX の評価対象

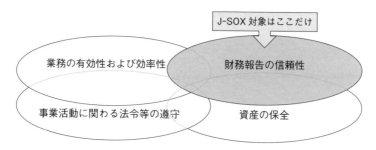

グの現場では大変多く見受けられます。

　例えば，「支払を誤るリスク」や「請求が漏れる・誤るリスク」，「貸倒れが生じるリスク」といった，一見財務報告のようですが，いわゆる"ビジネスリスク"とこれに対応する内部統制をJ-SOXの内部統制文書上で識別している企業は要注意です。業務効率化の余地があるかもしれません。

　このような，一見財務報告のような"ビジネスリスク"を排除し，"財務報告の信頼性に係るリスク"を過不足なく識別するために筆者が提唱しているのは，後述する**「原因×勘定科目×アサーション」**の組み合わせによるリスク識別の方法です。

　財務報告リスクの識別は，J-SOX対応を適切に実施するための根幹といえます。にもかかわらず，ある種，公認会計士の監査経験に基づく職人芸的要素もあるため，企業担当者が一朝一夕で"勘所"を押さえるのは正直難しいとも思われます。ですが，筆者が提唱している「原因×勘定科目×アサーション」のフレームワークに基づくことで，少なくとも財務報告リスク以外のビジネスリスクを識別・排除しやすくなるのではないかと思われます。詳細は次節で解説します。

第2節　財務報告リスクの正しい識別方法

(1)　財務報告リスクの識別は職人芸？

　財務報告リスクは，財務報告の信頼性を脅かす要因を意味しますが，基準はその識別方法について明確に定めていません。また，大手の監査法人でも，おそらく財務報告リスクの識別方法について，確立した方法やマニュアルは存在しないと思われます（少なくとも，筆者が大手監査法人に在籍していた当時はありませんでしたし，その後多くの大手監査法人対応をする中でも聞いたことはありません）。

　しかしながら，不思議なことに，監査の現場を数多く経験していくにつれ，「この科目はどの点について注意すべきか（どこがリスクか）」，「このような事業の場合，ここが危ない」といった，嗅覚が自然と身についてくるようになり，こういった監査の"勘所"は，実務指針や研修，監査実務を通じて多くの監査

法人，公認会計士に共有されています。実務上はこうした公認会計士の専門的な判断により，企業の担当者を指導しながら識別されるケースが圧倒的に多いのです。

　そのため，筆者としては"全社レベルから業務プロセスに至るまで，どこにどのような「財務報告リスク」が存在するのか"というリスクの識別は，自社監査法人以外の経験ある公認会計士に依頼して，"専門的判断"という名の"職人芸"的な嗅覚で識別してもらったうえで，監査法人との協議（折衝）を通じて最終確定していく方法が，実は一番確実で近道ではないか，と思っています。

　ただ，それでは読者の方々のなす術がなくなってしまうので，ここではご参考までに，筆者が内部統制コンサルティング現場で利用している，よりシステマティックに，かつ論理的に財務報告リスクを識別する方法をご紹介します。

　それは，リスクを以下の3つのコンポーネントに分解して説明する方法です。

原因×勘定科目×アサーション

リスク記載の表現を，以下の形式で統一するとわかりやすいでしょう。

> 「〇〇（原因）により，△△（勘定）の××（アサーション）が損なわれるリスク」
> （例）架空売上が計上される（原因）ことにより，売上高・売掛金（勘定）の実在性（アサーション）が損なわれるリスク

　なお，アサーション（適正な財務諸表作成のための要件）とは，経営者が適正な財務諸表の作成を主張するために必要とされる要件のことで，財務報告リスクを考えるうえでの指標です。実施基準Ⅱ.3.(3)②イでは，以下の要件が示されており，後述のRCM（第9章第1節参照）上で用いるアサーションも下記a〜fの中から選択する必要があります。

> ### a．実在性
> 　資産および負債が実際に存在し，取引や会計事象が実際に発生していること

ｂ．網羅性

　計上すべき資産，負債，取引や会計事象をすべて記録していること

ｃ．権利と義務の帰属

　計上されている資産に対する権利および負債に対する義務が企業に帰属
していること

ｄ．評価の妥当性

　資産および負債を適切な価額で計上していること

ｅ．期間配分の適切性

　取引や会計事象を適切な金額で記録し，収益および費用を適切な期間に
配分していること

ｆ．表示の妥当性

　取引や会計事象を適切に表示していること

(2)　監査法人が気にする科目別アサーションの例

　図表８-２-１は一例であってすべてではありませんが，一般的に監査法人が
監査を行う際に注意，検討すると思われる科目とアサーションの関係をまとめ
たものです。

　通常，上場企業や上場準備企業は，投資家からより多くの利益配当もしくは
株価上昇のプレッシャーを受けているため，業績をよく見せるために"収益は
より大きく，早く計上し，他方で費用はより小さく，遅く計上したい"という
インセンティブが働きやすいといわれています[※]。

　　　※　利益を大きく見せたい一方で，経営者の評価指標として投資効率を示す指
　　　　標（ROEやROAなど）が用いられている場合など，資産をオフバランス
　　　　化することで分母である資産額を小さく見せたいというインセンティブが働
　　　　く場合もあるようです。

　そのため，投資家保護のために監査を実施する監査法人としては，当然，"収
益や資産が実態より過大でないか？"，"費用や負債が実態より過小でないか？"
という観点から注意深く監査を行うわけです。

　ちなみに，同族企業を代表とする中小企業の場合は，上記のような投資家の

プレッシャーはなく，どちらかというと法人税負担額を少しでも減らすために，"収益はより小さく，遅く計上し，費用はより大きく，早く計上したい" というインセンティブが働きやすいといわれています。そのため税務調査官は "収益が過小でないか？"，"費用は過大でないか？" という視点で調査を行いますので，監査法人と税務調査官の視点は真逆といえるでしょう。

図表8-2-1　各勘定科目とアサーション例

勘定科目（例）	アサーション（例）
売上高・売上原価	実在性・期間配分の適切性
その他損益項目	実在性・網羅性・期間配分の適切性・権利と義務の帰属
現金・預金・受取手形	実在性
売上債権・未収金・棚卸資産・固定資産	実在性・期間配分の適切性・評価の妥当性
投資科目（関係会社株式／投資有価証券など）	実在性・評価の妥当性
繰延税金資産	実在性・網羅性・評価の妥当性
買掛金・支払手形	網羅性・期間配分の適切性
有利子負債（借入金・社債など）	網羅性
退職給付債務・資産除去債務など	網羅性・評価の妥当性
税金債務・訴訟債務など	網羅性・権利と義務の帰属

(3)　財務報告リスク識別のケーススタディ

　前述のとおり，内部統制報告制度において評価の対象となるのは，あくまで財務報告の信頼性に関するリスクのみです。

　では，下記の中で財務報告の観点から問題になるのはどれでしょうか？

(a)　購入稟議制度がないために，社員が社用車として勝手に高級スポーツカーを購入してしまった。

(b)　債権滞留管理が徹底されていなかったために，回収期限到来済みの遅延債権に気づかず債権回収不足が生じた。

(c)　税金計算を誤ってしまい，必要額以上の納税をした。

(d)　与信管理が徹底されていなかったために，倒産寸前の企業に商品を掛

　売りしてしまい，結局売掛金が貸し倒れた。
(e)　引当率の見積りを誤り，十分な貸倒引当金を計上しなかった。

　実は，(a)〜(d)はすべて直接的には財務報告リスクではなく，財務報告リスクといえるのは(e)のみと考えられます（専門家によって見解が相違する場合もある点，ご容赦ください）。

　(a)に対する見解　→資産保全の観点からは大きな問題といえますが，財務報告の観点からは，トラックであろうがスーパーカーであろうが，購入した資産が正しくB/Sに計上されていれば問題ありません。

　(b)に対する見解　→同じく資産保全の観点からは"とりっぱぐれ"は大きな問題といえます。しかしながら，（以下の(e)の債権評価の問題はあるにせよ）財務報告上は第一義的に回収された債権のみを消し込み，未回収の債権はそのまま債権としてB/Sに計上されていれば問題ないといえます（むしろ，実際に回収していない債権を期限到来したからといって消し込んだとしたら，財務報告上問題です）。

　(c)に対する見解　→これはかなり微妙ですが，この場合も資産保全や法令遵守の観点からは大変な問題といえるものの，財務報告の観点からは，申告額で未払法人税等が計上され，また実際の納付額で未払法人税等が消し込まれている限り，第一義的には財務報告上の問題とはいえないのではないでしょうか（未払法人税の計上誤り自体，特に過少申告・納付に当たる場合などは監査上の問題になる可能性は大いにありますが）。

　(d)に対する見解　→しつこいですが，これも資産保全の観点からは大問題であるものの，財務報告の観点からは，実際に売ったタイミングと金額による売上高が計上され，貸倒れの事実が生じたタイミングで売掛金から貸倒損失に振り替えられている限り，財務報告の問題にはなりません。

　(e)に対する見解　→これはB/Sの資産価額が実態と乖離してしまうため，財務報告リスクとして識別する必要があります。

(4)　陥りがちな誤り〜内部統制ありきで考えてはいけない〜

　リスクを識別する際は，上記のような「原因×勘定科目×アサーション」の

3つのコンポーネントを意識すると作りやすくなりますが，慣れないうちは，どうしてもコントロールありきでモノを考えてしまい，その結果，想定されていたコントロールがないことをもってすぐに「内部統制の不備」が識別されてしまう結果になりがちです。

よくある誤りは，例えばこうです。

> 「◇◇（コントロール）がないことにより，△△（勘定）に係る××（アサーション）が損なわれるリスク」

どこが問題かわかりますか？

ポイントは，「**原因**」**を記載すべき箇所に「コントロールがない」ことを記述してしまっている**点です。

内部統制報告制度は，あくまでリスクマネジメントの業務です。そのため，常に思考回路の順序として意識すべきは，「どのようなリスクがあるか？　そのリスクは何かしらのコントロールによってカバーされているか？」です。**コントロールがないからリスクがあるのではなく，リスクがあるからコントロールによってリスクを低減すべき**である点は，常に留意する必要があります。

> （例）
> 誤：未承認の販売取引が行われることで，売上高，売掛金の実在性が損なわれるリスク
> 正：架空の販売取引が行われることで，売上高，売掛金の実在性が損なわれるリスク
> →上記リスクを軽減するために通常整備されるコントロールとして，受注前の上長承認がある。

図表8-2-2　リスクとコントロールの識別手順

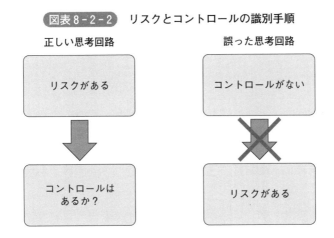

(5)　チェックリストの落とし穴

似た話で，チェックリストの機械的適用による形骸化・過剰対応があります。

多くの企業や監査法人は，全社的な内部統制などの一定領域において，"チェックリスト"を用いた評価を行っています。例えば全社的な内部統制の場合には，実施基準にあらかじめ例示されている42項目をチェックリストとして用いて，自社の現状に照らし合わせながら，内部統制の過不足を評価している企業も多いかと思います。

このようなチェックリストの活用は，論点の網羅性を確保するうえでは大変有用です。ただ，チェックリストを機械的に適用した結果，チェックリストで問われているとおりの内部統制が自社にない場合に，そのことをもって即座に不備とし，慌てて例示されたとおりの内部統制を構築し，結果的に不要な内部統制を構築・運用したり，本来不要な評価対応を行っている企業がときどき見受けられます。

繰り返しになりますが**J-SOX対応は，あくまでリスクマネジメントの業務**です。そのため，業務にあたっての思考順序として常に意識すべきは，「どのような（財務報告）リスクがあるか？　そのリスクはどのような内部統制（コントロールともいいます）によってカバー，低減されているのか？」です。すなわち，"コントロールがないからリスクがあるのではなく，リスクがあるか

らコントロールがある”ということを忘れてはならないのです。

　仮にチェックリストに例示された内部統制がなかったとしても，

- なぜチェックリスト上，その項目が要求されているのか？　その背後に
あるリスクは何なのか？
- 自社にはそのリスクが該当するのか？
- そのリスクに対して，例示どおりの内部統制以外に，自社で代替可能な
内部統制はないのか？

という3つの視点を持つことが必要です。仮に直接的に例示されたとおりの内
部統制がなかったとしても，リスク自体が存在しないのであれば，そもそも内
部統制の構築も評価も不要なはずだからです。

(6)　リスクの重要性評価によるスクリーニング

　中堅・中小企業向けの簡素化事例を紹介した「内部統制報告制度に関する事
例集〜中堅・中小上場企業等における効率的な内部統制報告実務に向けて〜」
（以下「事例集」）では，リスクの分析と評価を行う際に，見積要素のある項目
や過去に監査指摘のあった事項など，特に重要なリスクと，それ以外のリスク
を区分して特定し，特に重要なリスクに評価の重点を置くことで，評価手続の
メリハリをつけるといった簡素化事例が紹介されています（事例集3-2）。こ
れは，あくまで中堅・中小企業向けの紹介事例ではありますが，識別したリス
クの中で重要度別に評価対象とすべきリスクとそうでないリスクに分けて，評
価対象のスクリーニングを行う方法も考えうるということです（ないしは，リ
スクの重要度に応じて評価手法に緩急をつける方法も考えられます）。

（事例集3-2）
- リスクの分析と評価
【概要】
　リスクの分析と評価を行う際には，特に重要なリスク（高リスク）の特定に重
点を置き，メリハリの利いた評価を実施。

【事例】

　重要性があるリスクに対してのみ対応策を講じるため，リスクの金額的重要性や質的重要性，その生じる可能性を分析し，当該リスクの程度を 3 段階（高，中および低）で評価した。その際，特に重要なリスク（高リスク）の特定に重点を置いた。

　統制上の要点の選定や運用状況評価の手続・実施時期の決定，評価体制の構築において，特に重要なリスク（高リスク）については，慎重に対応したが，そのほかのリスクについては効率性を重視して評価したため，財務報告上のリスクに応じたメリハリの利いた評価を実施できた。

　なお，監査人と協議のうえ，特に重要なリスク（高リスク）と定義したリスクは，次のとおりである。

　特に重要なリスク（高リスク：質的または金額的重要性が高く，かつ発生可能性が高いリスク）

　① 質的重要性

　　当社が属する業種や置かれている状況を考慮し，業務プロセスをサブ・プロセスごとに特に質的重要性が高い要素（不確実性が高い取引，見積りや予測の要素，及び非定型・不規則な取引など）が存在しないかを検討する。質的重要生が高い要素が存在する場合，関連するリスクは，発生可能性も高いとみなし，特に重要なリスク（高リスク）と判断する。

　② 過去の指摘事項等

　　過去の虚偽記載および監査人・内部監査人の指摘事項等は，質的または金額的重要性が高く，かつ発生可能性も高いとみなし，特に重要なリスク（高リスク）と判断する。なお，直近の指摘事項等については，特に留意する。

　ただし，①及び②について，明らかに金額的重要性または発生可能性が低いことを合理的に説明できるリスクは，特に重要なリスク（高リスク）とはしない。

　残念ながら事例集では，具体的な方法については触れられていませんが，例えばリスク・ヒートマップを用いたスクリーニングが考えられます。

　すなわち，過去の実績等に基づき，不正や意図的でない誤りによる重要な虚偽表示の①発生確率と②発生した場合の影響額の 2 軸からリスクの重要度を測り（**図表 8 - 2 - 3** 参照），重要性に応じた評価手続，場合によってはその後の評価手続から除外する方法です。

　そのほか，想定外・未曾有の事象へ対応するために，過去実績等に基づく

"発生確率"の代わりに①影響額と②残余リスク（コントロールで低減できないリスク度合い）の高低を用いる方法も考えられます。

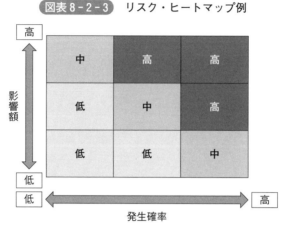

図表8-2-3　リスク・ヒートマップ例

※　枠内の高・中・低は，リスクの重要度。重要度に応じて対応手続を変える。

第3節　評価すべき統制の正しい識別方法

(1)　統制でないものを識別・評価することによる非効率化

　内部統制対応効率化の阻害要因として，内部統制ではない単なる業務行為を，"内部統制（コントロール）"として識別し，評価しているケースも見受けられます。リスクに対する低減効果がないものを一生懸命評価しているというのは無駄な努力以外の何物でもありません。

　では，改めて"内部統制（コントロール）とは何か？"という疑問を持たれる方もいらっしゃるでしょう。この点，基準によると，内部統制とは，「基本的に，業務の有効性及び効率性，財務報告の信頼性，事業活動に関わる法令等の遵守並びに資産の保全の4つの目的が達成されているとの合理的な保証を得るために，業務に組み込まれ，組織内のすべての者によって遂行されるプロセスをいい，統制環境，リスクの評価と対応，統制活動，情報と伝達，モニタリ

ング（監視活動）及びIT（情報技術）への対応の6つの基本的要素から構成
される。」と定義されています（基準I.1.）。

　このように基準の定義を読んでも，残念ながら概念的でよくわからないと思
いますので，ここでは"正しさよりもわかりやすさ"を重視して誤解を恐れず，
筆者なりに内部統制を定義してみたいと思います。すなわち，内部統制（コン
トロール）とは，「ミスや不正を事前に予防したり，すぐに発見できるよう，
社内に組み込まれたチェックの仕組み」と考えます。注意すべきは，作業実施
者自身によるセルフチェックや上司への報告・提出といった業務行為は内部統
制とはいえず，作業実施者とは別の担当者（第三者）によるチェックや，相互
牽制による抑止力，または上司による承認手続のことをいいます。

　参考まで，コントロールとして識別できる業務行為の種類を**図表8-3-1**で
例示しておきます。

図表8-3-1　コントロールカテゴリーの例

コントロールカテゴリー	IT業務処理統制	解説
承認		上長による承認行為
突合		別資料間の情報の照合による確認
業務分掌		担当者を分けることで牽制する
インターフェース	●	異なるシステム間の情報の自動転送
自動計算	●	システムが自動で計算を実行（または自動で対象項目を抽出・集計）
自動仕訳	●	システムが自動で仕訳を起票
アクセス制限	●	システム内の情報の閲覧や操作権限の範囲を業務上必要な範囲に制御
マネジメントレビュー		上長による概括的・大局的な分析・チェック

※　システムから自動出力された資料（債権の年齢調べ帳など）をもとに，レビュー（滞留債権
レビューなど）を実施する統制（いわゆるIT依存統制）の場合には，自動計算のコントロー
ルと，マネジメントレビューの2つに分解してコントロールを記載する場合もあります。

　しかしながら，筆者が内部統制対応効率化のための見直しコンサルティング
を行う現場では，往々にして"コントロールでないもの"がコントロールとし
て識別され，評価されているケースが多いです（もっというと，このような企
業の場合，逆に必要なリスクが識別されず，"コントロールとして識別すべき

もの”も十分に識別されていないことが多いです)。

(2) 過剰なキーコントロールの識別による非効率化

さらには，同一リスクに対して過剰とも思えるほどにたくさんのキーコントロールを識別して疲弊しているケースもあります。もはや，どれがキーなのかわからない状況です。キーコントロールの設定は，多数のサンプル抽出が必要となる運用状況評価（運用テスト）の工数に直結するため，設定が過剰な会社は工数が過大となり，疲弊しやすい特徴がありますので注意が必要です。

① キーコントロールとは

キーコントロールとは，各財務報告リスクに対応するコントロールの中でも，財務報告の信頼性に重要な影響を及ぼす統制上の要点をいいます。

キーコントロールは，評価フェーズの中でも最も負荷のかかる運用状況評価の対象となり，後々の評価作業負荷に大きく影響しますので，キーコントロールの選定を論理的かつ戦略的に実施することは大変重要です。

② キーコントロールの抽出方法

基準上，キーコントロールの選定については特段言及されていません。そのため，"専門家の判断"を通じて，監査法人等とも協議を通じて最終確定していくことになります。しかしながら，キーコントロールを選定するうえでは下記について意識すると，より効率的かつシステマティックな選定が可能になります。

(a) 1リスク1キーコントロールの識別

財務報告リスク1個につき，最低でも1つはキーコントロールを識別するよう注意すると，まったくカバーされない財務報告リスクが残ることを防ぐことができます。

ただし，そもそもリスクの重要度を事前に高・中・低など評価したうえで，重要度"高"のリスクについてキーコントロールの選定を行う，といった方法も考えられます（事例集3-2参照）。

(b)　キーコントロールとなるコントロールの要件

キーコントロールとして選ぶコントロールは，下記のように，強力，もしくは広範囲に対応できるコントロールとなります。

- 各財務報告リスクに対応するコントロールの中で，最も強力なもの（統制目標に最も有効な統制）

または

- より多くの財務報告リスクに対応するコントロール

図表 8 - 3 - 2　キーコントロール選定の優先順位

		統制の強弱(※1)	
		強	弱
統制のカバーするリスクの範囲	多	優先度 1	優先度 3 (※2)
	少	優先度 2	選定対象外

※1　統制の強弱の判断要素
①統制実施者の上下関係
⇒より上位者（責任者）により実施される統制が"強"。
②統制実施場所の位置づけ・タイミング
⇒より財務報告に近い（下流）統制，より会計期間末日に近い統制が"強"。

※2　"弱"の統制をキーにする際の留意点
当該統制のみで，対応する財務報告リスクを合理的水準まで低減できるか慎重に検討し，不十分と思われる場合には同リスクに対応する別の統制と併せ，複数キーコントロールとして選定を行う。

以上のような，リスクや統制の過剰識別をなくし，必要なもののみにフォーカス，評価対象を適正化することを，マクロレベルと呼んだプロセスレベルの評価範囲の最適化と対比し，筆者は「ミクロレベルの評価範囲の適正化」と呼んでいます。

第9章
DX 時代の内部統制
～業務簡素化による対応コストの削減～

　本章では，リスク・アプローチとは少し切り口を変え，そもそも内部統制自体をシンプルにすることができれば，決算・監査対応の手間も減り，結果として対応コストも削減できるのではないか，と考え，その具体的な解決方法を考察していきます。しかも，内部統制自体がシンプルになるということは業務自体がシンプルになるということを意味しますので，現業部門の業務負荷，人件費が抑えられ，企業のビジネススピードの失速も最小化できるというメリットもあるため，まさに一石二鳥のコスト削減につながります。

　特に最近はテレワークも普及しつつあり，DX（デジタル・トランスフォーメーション）による新しい内部統制業務のあり方を考えるよいタイミングといえます。

　そこで本章では，DX 時代にいかに内部統制業務を簡素化していくか，という点と，DX 化に伴う内部統制対応上の留意事項について解説します。

この章のポイント

- RCM サマリーで過剰な内部統制を識別する
- RASCI モデルで適切な承認者数のあり方を考える
- 浅野式 A→D→S→I マトリクスでどのような基準で権限を委譲するか考える
- 電子承認時の留意点を理解する

第1節　RCM を活用した内部統制の効率化

(1)　同一リスクに対する内部統制は過剰でないか

　皆さんの会社の RCM（リスク・コントロール・マトリクス）には，同一の
リスクに対して複数の統制（コントロール）が識別されているケースがあるの
ではないでしょうか。

　もちろん，1 つのリスクを合理的水準まで低減するためには，1 つのコント
ロールだけでは足りないケースもあるでしょうし，マネジメントレビューや，
期末のレコンシリエーション業務（実査や実地棚卸を含む）など，日常的な会
計処理に対する都度のチェックを補完するための統制（補完統制）が必要な
ケースもあるでしょう。このように，チェックの切り口や時期，実施者をずら
して，膨大な期中処理の正確性を再確認する統制は，筆者自身も非常に重要と
考えています。なぜならば，日々膨大な情報量を処理する過程では，担当者は
どうしても "アリの目" になりやすく，ミスに気づかないケースも多いからで
す（毎日，商品の受払いを正しく記録しているのに，なぜか期末に実地棚卸を
行うと差異が見つかるという経験はどの会社でもあるでしょう）。

　では，取引金額の集計を誤るリスクに対して，IT システムによる自動計算・
集計結果を，さらに人の手によって計算し再度確認しているケースはどうで
しょうか。

　実際には IT 全般統制の有効性も含めた評価戦略も考慮に入れたうえで，IT
に依拠すべきか否か，効率化の可否を検討する必要がありますので，議論は複
雑です。しかしながら，仮にシステムによる自動計算・自動集計という「IT
業務処理統制」が有効であることを前提とすると，そのうえに人の手によって
再度の計算チェックを行うのは非効率といわざるを得ません。

　また，すべての会計仕訳伝票を，経理課長のみならず，経理部長も同様に承
認するといった，複数人承認を必要とするワークフローも同様です（複数人に
よる承認手続の簡素化については第 2 節，第 3 節でも解説します）。

(2) RCMサマリーを活用した内部統制の効率化検討

こうした過剰な内部統制による非効率化を検討するにあたり有用なのが，RCMです。もっというと，RCMをリスクとコントロールごとにわかりやすくマッピングした**「RCMサマリー」**を作成することをお勧めします。「RCMサマリー」を作成することで，同一リスクに対する内部統制の対応状況，また，各内部統制が他にどのリスクに対応しているのか，リスクと内部統制の対応関係が一目瞭然となります。これにより，過剰な内部統制の整備状況の有無やそれを踏まえた効率化検討が可能となるわけです。

図表9-1-1は「RCMサマリー」を用いた内部統制の効率化の例です。見直し前の内部統制の整備状況は，リスク1，3，5については，それぞれ1個のコントロールが紐づいています。他方でリスク2とリスク4については，それぞれコントロール1，2，コントロール3，4の2つが紐づいており，同一リスクに対して過剰なコントロールが整備されていることがわかります。

この過剰な内部統制を削除したのが，見直し後のRCMサマリーです。コントロール2と4を排除しても，すべてのリスクに最低1個のコントロールが紐づき，リスクがまんべんなくカバーされていることがわかります。なお，もしコントロール1と3を削除してしまうと，リスク1と3がカバーできなくなるので，削除対象は慎重に決定する必要がある点，注意が必要です。

結果，見直し前はコントロール数が5個であったのに対し，見直し後は3個にまで減少していることがわかります。

なお，「RCMサマリー」は前述のキーコントロール選定にも役立ちますので，文書化の際には，一般的に必要といわれる内部統制文書（フローチャート，業務記述書，RCM）の3点セットに加え，「RCMサマリー」も作成するとよいでしょう。

図表9-1-1 RCMサマリーを活用した内部統制の見直し

■見直し前

		コントロール				
		コントロール1	コントロール2	コントロール3	コントロール4	コントロール5
リスクポイント	リスク1	●				
	リスク2	●	●			
	リスク3			●		
	リスク4			●	●	
	リスク5					●

■見直し後

		コントロール				
		コントロール1	コントロール2	コントロール3	コントロール4	コントロール5
リスクポイント	リスク1	●				
	リスク2	●				
	リスク3			●		
	リスク4			●		
	リスク5					●

第2節 RASCIモデルによる内部統制の効率化

(1) 承認に必要な人数は何人が適正なのか？

　内部統制効率化のための見直しコンサルティングをはじめ，企業の会計税務顧問や社外役員を務めていると，「そんなに承認者が必要か？」というほど，決裁権限規程や稟議規程で多くの承認者数が求められている企業に出会うことがあります。これは日本企業に限った話ではなく，外資系企業であっても同様で，筆者とのコンサルタント契約を締結するために，日本（子会社）で3名の承認が必要なうえ，本国（親会社）でさらに10人のマネジメントの承認が必要，その結果，契約が締結されるまでに数か月を要した，といったケースに出くわしたこともあります。

　リスク・アプローチとは違った切り口ですが，そもそも評価すべき内部統制

が複雑だと，その分，評価の手間や監査工数は増えます。逆に，内部統制自体がシンプルであれば，その分，評価や監査の工数は削減できるはずです。それだけでなく，実務を回す現業部門担当者や承認担当であるマネジメントとしても，ビジネススピードの失速を避け，パフォーマンスを向上させることができるはずです。

　では，1つの業務や取引に係る承認のために必要な人数は，いったい何人が適正といえるのでしょうか？

　答えは企業の事業内容，規模，取引内容によって変わってくるでしょう。しかしながら，以下では参考まで，内部統制の有効性を維持しながら，"過剰な承認業務"によるビジネススピードの失速，内部統制評価や監査工数の増加を避けるための1つのアイデアとして，「**RASCI（ラスキーまたはレーシー）モデル**」を活用・応用した内部統制のシンプル化をご紹介します。

(2)　RASCIモデルとは

　1つの承認業務（コントロール・タスク）に対する関与者全員を，それぞれ下記のR，A，S，C，Iのどの役割になっているのかを整理し，役割の重複をあぶり出すモデルです。本書ではそれぞれの役割を下記のように定義します。

R（Responsible）：実行責任者……承認・意思決定権限者
A（Accountable）：説明責任者……意思決定に必要十分な情報の説明責任者
S（Support）：サポート役……意思決定・業務遂行に係る実行支援役
C（Consult）：相談役……関与者の相談に乗り必要な情報を適宜提供する役
I（Inform）：報告先……事後的に業務の結果報告を受ける役

　例えば歴史ある大手日本企業では，稟議規程上，係長→課長→部長→担当役員→社長といったように，1つの取引の実行のために何人もの承認者が求められているケースがあるのではないでしょうか。

　筆者は，このような過剰なまでの承認者を必要とする社内規程を見ると，つい，「結局社長の承認が必要なら，最初から社長に承認してもらえばいいんじゃないか？」と思ってしまいます。

　ただ，当の社長からすると，「いやいや，自分は現場に詳しくないから，やはり現場担当部署の承認が必要なのだよ」と返されます。

　とすると，やはり，「社長の承認行為は形骸化しているのでは？」と思ってしまうわけです。

　これは上記RASCIモデルでいうと，関与者全員がR（ないしR，A）であるからです。

　例えば，最も実質的な判断が可能なのは部長だとすると，以下のような役割分担にすれば，意思決定の誤りのリスクを最小限に抑えながら，ビジネスのスピードの失速，業務の手間（＝人件費の増加）を防ぐことが可能になります。

> R：部長
> A&S：課長，係長
> C：担当役員
> I：社長

⑶　役割を変えればビジネススピードは速くなる，業務コストは減る

　図表9-2-1はRASCIモデルを用いた，稟議に係る関与者の役割分担の検討表です。各枠内のR，A，S，C，Iは各関与者の役割を示し，網掛け部分は業務実行の意思決定のタイミングを表しています。

　例えば業務見直し前は，タスク1についての実行の意思決定が行われるのは，社長の決裁時点であるため，起案から意思決定までに多くの関与者の時間が割かれ，また決定までに多くの時間を要しました。

　他方でこれを見直し，承認権限者を部長に，担当役員や社長は事後報告を受ける役割に変えるとどうでしょう。業務実行の意思決定が格段に早くなっていることがわかります。

図表 9-2-1　RASCI モデルを活用した内部統制の見直し

■見直し前

		承認者				
		係長	課長	部長	担当役員	社長
コントロール	タスク1	R, A	R, A	R, A	R, A	R
	タスク2	R, A	R, A	R, A	R	
	タスク3	R, A	R, A	R		
	タスク4	R, A	R			
	タスク5	R				

■見直し後

		承認者				
		係長	課長	部長	担当役員	社長
コントロール	タスク1	A	A	R	C	I
	タスク2	A	A	R	C, I	I
	タスク3	A	R	C, I	I	
	タスク4	R	C, I	I		
	タスク5	R	C, I			

第3節　浅野式 A→D→S→I マトリクスにより業務スピードの失速をなくす

(1)　上長の承認はそんなに必要か？

　第2節では，複数人の上長による承認業務を簡素化・削減することで，ビジネススピードを高め，また関与者の業務負荷を減らすことができる点を解説しました。

　では，各上長には，どのように役割・権限を設定すればよいのでしょうか？

　コンサルティングの現場にて，よくご相談を受けるお悩みの1つに「（内部統制チームや監査法人等から）取引の始まりから終わりまで，すべて上長の承認を受けるべき，と指摘を受けたのだが，まともに対応していたら上長の時間がハンコを押すことに忙殺されて，とてもじゃないけれども本来の業務が回ら

ない！　なんとかできないか？」というものがあります。

　内部統制は確かに経営のブレーキ役であるものの，ブレーキを掛け過ぎてしまうとビジネスのスピードが失速して，本業の利益獲得に支障をきたしてしまう，という典型的な例です。

　特に，この上長が各営業所長，支店長といった営業の前線部隊の長である場合，内部統制対応のために隊長が営業所に缶詰になることで，まともに営業活動を行う時間が取れなくなってしまっては洒落になりません。

　こういった事態を回避するために筆者が開発したのが，「A→D→S→I マトリクス」です。この「A→D→S→I マトリクス」を使うことで，リスクを合理的な水準に維持（すなわち，内部統制の有効性を維持）しつつも，上長の時間的余裕を確保することで，ビジネスの失速を最小限に食い止めることが可能になる，と考えています。ちなみにこの考え方はJ-SOX（財務報告の信頼性）以外の内部統制の整備に際しても活用可能ですので，社内承認ルール設定のあらゆる場面でご活用いただけると思います。

⑵　浅野式「A→D→S→I マトリクス」とは

①　いかにマネジメントの時間を確保するか

　貴重な上長の時間は最大限有効に使うべきです。そういう意味では，**上長の承認は，上長にしかできない業務に限定すべき**です。

　ただ，企業の業務は日常業務から特別な対応まで多岐にわたりますし，ともすれば監査法人からは，何かに連れて上長の承認を求められがちですので，いったいどのような考え方で上長の承認が必要な領域を絞り込めばよいかが問題となります。

　そこで筆者が開発したのが「A→D→S→I マトリクス」です。「A→D→S→I マトリクス」は，**①金額的／質的な重要性**と，**②経営判断の要否**（ジャッジメンタル・ワークかオペレーショナル・ワークか）の２軸で作成します。なお，②は，「定型的な業務か，非定型的な業務か」，また「答えがあるものか，答えがないものか」とも言い換えられるでしょう。

　この２つの軸を交差させてマトリクス化すると，以下の４つの象限によるマトリクスができ上がります。

第1象限：重要，かつ，経営判断が必要（＝非定型的・答えがない）

第2象限：重要でないが，経営判断が必要（＝非定型的・答えがない）

第3象限：重要だが，経営判断は不要（＝定型的・答えがある）

第4象限：重要でない，かつ，経営判断は不要（＝定型的・答えがある）

図表 9 - 3 - 1 A→D→S→I マトリクスの基本軸

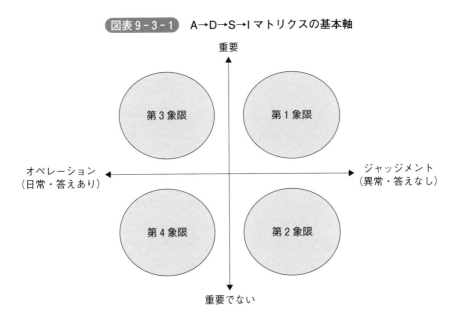

そして上記4つの象限ごとに，以下のA（Approve），D（Delegate），S（Segregate），I（Ignore）の4つの対応を決めプロットしていきます。

A（Approve）：上長の承認

D（Delegate）：次長への権限移譲

S（Segregate）：スタッフ間の相互牽制

I（Ignore）：無視

以下で，それぞれの象限についての対応方法を紹介していきます。ただし，あくまで内部統制の有効性と効率性の両立の観点から，上長による承認業務を

効果的に絞り込むための基本的な考え方に過ぎませんので，企業の規模や置かれた事業の状況，取引内容，リスク意識によって，適切な象限の優先度や，象限ごとの対応方法が変わりうる点は，ご留意ください。

②　第1象限（Approve），第2象限（Delegate）〜マネジメントは経営判断（ジャッジメント）を要する部分に限定〜

第1象限に該当する業務や取引については，上長の承認（Approval）が必要と考えますが，第2象限に該当する業務や取引については，次長の承認と事後報告（権限移譲＝Delegation）で十分と考えます。

上長にしかできない業務とは何か，を「A→D→S→I」マトリクスに照らして考えると，それは投資判断など「非定型的な取引」であり，**「経営判断を要する」業務（ジャッジメント業務）**といえます。ただ，さらに踏み込んで考えると，非定型的な取引の中でも「重要性がある取引」にのみに限定すべきです。たとえ，経営判断を要する業務であっても，影響額が僅少なものは次長の承認と事後報告で十分と考えるからです。

そのため，例えば同じ受注の承認手続であっても，取引金額に応じて営業所長（支店長）決裁権限とするもの，副支店長決裁でよいもの，課長決裁でよいもの等としてあらかじめ決めておき，また「●％以内の値引きは課長権限で可能」，「●％以上の値引きのみ営業所長（支店長）の決裁が必要」などといった，本社レベル，および営業所ないし支店レベルの「決裁権限規程」を事前に整備し，当該規程に沿った運用を徹底しておくとよいでしょう。そうすることで，リスクを合理的水準まで低減，すなわち内部統制の有効性を維持しながらも，上長が本業に専念できる時間的余裕を確保することで，ビジネススピードの失速を最小限に食い止めることが可能と考えられます。

③　第3象限（Segregate）〜オペレーショナルな問題は担当者間チェックやITを活用〜

第3象限はスタッフレベルの業務分掌・相互チェック（Segregation）で十分と考えます。

上長しかできない業務が重要かつ経営判断を要する業務であったとすると，

一方で，上長でなくてもできる業務とは何でしょうか。それは，端的にいうと**「誰もがわかる，客観的かつ明確な答えのある業務」**です。言い換えれば，事前に上長によって承認された契約内容，条件どおりに業務や取引が行われているか否かを確認する作業です。こういった確認作業は，あらかじめ答えがある以上，マネジメント以外のスタッフでも十分チェックが可能なはずです。

　例えば，システムへの取引入力の正確性チェックや，伝票間の金額の整合性チェックといったオペレーショナル・ワークが挙げられます。このようなオペレーション業務は，たとえどれだけ取引金額が重要であったとしても，契約書や請求書などの原始証票に客観的かつ明確な答えがある以上，あえて上長が個別に入力の承認をしなくても，担当者間の相互チェックでも十分正確性を担保できる，とも考えられるわけです。

　また，基幹業務システムなど IT を活用することで，そもそも人為的な入力ミス，操作ミスが起こらない（手作業による財務報告リスクをなくす）ような業務フローの構築も有効です。ただし，IT を活用する場合には，IT 利用に伴い新たなリスクが発生することから，IT が有効に機能しているかを別途評価していく必要があります。

　いずれにしても，オペレーショナルな業務は極力上長が行わなくても済むように，上長承認なしでも財務報告リスクが合理的な水準まで低減できるような内部統制を整備し，それを監査法人等へ説明，説得できるかが，永続的なビジネススピードの失速を回避する重要なカギとなります。

④　第 4 象限（Ignore）〜重要性がないオペレーション業務は無視するのも一案〜

　第 4 象限については，もはや何も手当てせず無視する（Ignore）というのも一案です。

　意外に思われる方もいるかもしれませんが，リスクに対する対応方法としては内部統制による低減措置だけではなく，「リスクの受容」，すなわちリスクを受け入れる，という割り切った対応方法も考えられます（詳細は拙著『今から始める・見直す　内部統制の仕組みと実務がわかる本』でも解説していますのでご参照ください）。

　リスクマネジメントは，常に費用対効果の観点で行われるべきです。そのような観点からは，仮に顕在化したとしても，痛くもかゆくもないリスクに対しては，ビジネススピードや効率性を重視し，無視する，ないし対応せず放置する，という"割り切った対応"も1つのリスクマネジメントのあり方ではないかと考えます。

図表9-3-2　A→D→S→Iマトリクスによる権限移譲の設計

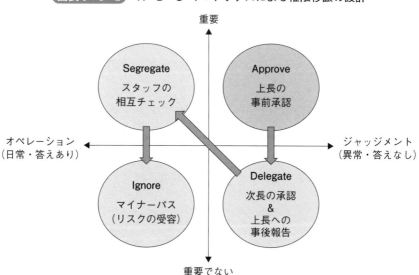

　「A→D→S→Iマトリクス」を利用すると，第3，第4象限では，もはや承認行為も不要になります。そのため，上長の業務負荷の軽減，時間の確保とビジネススピードを飛躍的に高めることが可能です。

第4節　それでもハンコは必要か？

　現場担当者の方からよくご相談いただく内容には，「（監査法人や内部監査人等から）なんでもかんでもハンコを残せと言われるが，すべての書類・伝票にハンコを残さなければならなのか？」というものもあります。
　新型コロナウイルスの蔓延に伴い，リモートワークが急速に普及し，官庁で

も脱ハンコ体制が検討されるようになり，「脱ハンコ出社」というキーワードが市民権を得てきました。監査法人の監査手続自体がリモートで行われるようになってきていますので，さすがに今さら，「ハンコがなければ認めません」という監査法人はいなくなったのではないかと予想しています。

　そもそも監査の過程で証憑上のハンコを要求される趣旨は，第三者が，現場担当部署によるコントロールの整備・運用の事実を事後的に確認する手段が必要だからです。

　その意味で，ハンコがなかったとしても，別の手段でコントロールの実績を証明することができれば，ハンコにこだわる必要はないと考えられます。例えば，再実施や観察手続等，証憑閲覧以外の手続によって直接的に内部統制の整備・運用状況を確認するほうが適切な場合もあるでしょうし，ワークフロー・システムの導入によって，内部統制の証跡を可視化していくことも可能です。

　ただし，ワークフロー・システムの導入に際しては，別人によるなりすましや，不正改ざん，事後承認など，IT利用に伴う新たなリスクが生じるため，例えば以下のような点に注意が必要です。

図表9-4-1　ワークフロー・システム利用上の注意点例

本人証明・適時性	✓承認者・承認日付（承認ログ）が，タイムリーに記録される
改ざん防止	✓承認ログや業務データが容易に改ざんされない ✓承認者IDが共有されたり，別人に使用されない（PWの変更を含む）
データ消失防止	✓承認ログや業務データが容易に消失されない ✓適切なバックアップ，リカバリ体制
可用性・完全性	✓データが網羅的に保存され，事後的に抽出・追加可能 ✓承認対象となる業務や取引が，承認レベルなど，適切な区分ごとに整理され，必要に応じて網羅的に抽出可能

　最近ではクラウド型のワークフロー・システムも登場してきていますので，ワークフロー・システム導入検討に際しては，クラウドに保管するデータの管理など適切なセキュリティが担保できているか，IT全般統制の評価に耐えうるかなど，内部統制対応の観点も含めて検討される必要があるといえます。

　また，書類の要所に，コントロール実施者（承認者）のチェックマークやサイン，日付が残されているような場合も，証跡としてハンコにこだわる必要はないと思われます。

　事前に上長や担当者が使うペンの色やサインについて，社内で取り決めと登録をしておけば，チェックマークとサインを残すことは，ハンコなどよりも，むしろよほど証拠力が高い証跡といえるのではないでしょうか。

　また，すべての伝票上にサインを残すことが難しい場合には，伝票上は少なくともチェックマークなどの証跡を残しながら，サインはチェック項目などを記したカバーシートを作成し，そこにサインと日付を残す方法でもよいのではないかと思います。

　ただし，証憑がデジタル化することにより新たなリスクが発生する点も，注意が必要です。例えば，承認証跡が残された書類がPDFファイル化されることで，データの改ざんが容易になる可能性があります。証憑をPDFにスキャニングする際にデータを改ざんしたり，そもそも都合の悪い情報をデータ化対象から除外する，といった可能性も考えられます。

　そのため，DX時代の内部統制評価や監査実施は，評価対象となる当該証憑だけでなく，周辺情報との整合性を確認したり，改ざんを発見するためのツールの導入，もしくはそもそも改ざんがなされないような仕組み（電子署名やタイムスタンプ）等の導入など，証拠の信頼性を担保するための新たな取組みが必要になるかもしれません。

巻末付録

① 内部統制が強くなる，監査が楽になる
   体系的決算調書例

② 近年の内部統制報告書上の
   「重要な不備」開示件数の推移分析

【巻末付録①】 内部統制が強くなる，監査が楽になる 体系的決算調書例

　本編を通じて決算作業の見える化，つまり組織的・体系的決算調書の重要性を何度もお伝えしてきました。それはなぜかというと，決算作業は担当者が仕訳を切って終わりではないからです。担当者が作成した仕訳は，それらの積み重ねである決算数値となり，正確性を第一義的には社内で検証され（つまり，内部統制），そのうえで監査法人にも検証され，外部に公表できる状態になってはじめて決算作業終了といえるからです。

　このように担当者の作業は第三者にあとで検証されることが前提になりますから，決算担当者は仕訳を作成するまでを「仕事のゴール」とするマインドセットから，**いかに早く，修正なく上長や監査法人の検証までクリアできるか**，というマインドセットに切り変える必要があります。

　そして，早く手戻りなく検証までクリアするためには，決算作業の過程は，上長や監査法人など第三者が事後的に理解できる状態である必要があります。第三者が理解しやすい，また根拠となる情報が追跡しやすい調書を残しておけば，検証する側はいちいち担当者に質問したり，資料を依頼する手間が省けます。その結果，決算担当者も，検証する側である上長や監査法人も，タイトな決算スケジュールの中で資料解読や情報収集のために無駄な時間を費やす必要がなくなり，決算・監査対応がだんぜんスピーディかつ楽になるのです。また，不測の事態等で担当者の交代が必要となった場合でも後任者による引継ぎが容易になるため，決算体制の安定性が高まるというメリットもあります。

　いいかえれば，決算担当者は仕訳伝票を自身の最終成果物とする，**作り手としての「順進的」発想から，検証する側，見る側の立場に立った「逆進的」発想による調書作成へ意識の切り替えが必要**というわけです。

　もっというと，"監査法人が来る前に，社内でセルフ監査を終えておく"ことが理想です。

　中には「確かに理想的だけど，仕訳作成で手一杯で，監査法人の監査が始まるまでに調書作りや分析的手続をするような時間はないよ」と嘆かれる方も多いかと思います。その現実も重々承知しております。しかしながら，ここまで社内でしっかり体系的決算調書を作り込むことができれば，**監査法人の監査作業は圧倒的に短縮できるはず**です。調書作りの時間を確保するために，監査の開始時期を多少遅らすことができないかも併せて，監査法人と協議されるのもよいのではないかと思います（無論，その分，監査工数は減るはずです）。

図表付-①-1　順進的決算調書と逆進的決算調書

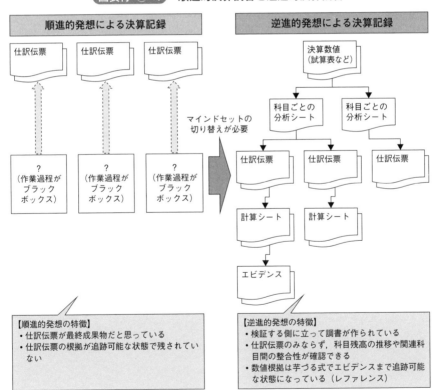

図表付-①-2　体系的調書化による決算・監査早期化のイメージ

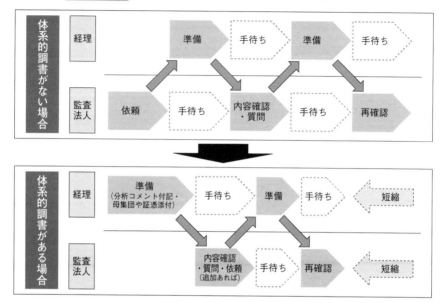

　そこで本書の巻末付録として，ご参考まで，ふだん筆者が決算・申告業務支援をする際に用いている組織的・体系的決算調書の全体像，一部の勘定科目の調書例を掲載しておきます。最初は一式作成するまで，とても面倒に感じられると思いますし，実際大変ですので自社で準備する余裕がなければアウトソースを活用することも一案です。が，チェック手続内容の記載や，データソースの記載，エクセルフォーム等の計算ロジックやリンク設定等は，一度作ってしまえば，次の決算からは自動化できる部分も多く，だいぶ楽になるので是非一度試していただければと思います。

図表付-①-3　決算調書の全体目次　兼　役割分担・スケジュール管理表

セクション		Ref.	資料名	●●次郎	●●花子	●●太郎	●●一郎	顧問会計士	完了予定日	完了チェック
Admin										
		A000	調書全体目次		S	A	R		●●月●●日	✓
		A010	決算タスクスケジュール	S		A	R	C	●●月●●日	✓
		……								
General										
		G010	重要性の基準値	S		A, S	R	C	●●月●●日	✓
		G020	財務諸表分析	S		A, S	R	C	●●月●●日	✓
		……								
Detail	B/S（資産）	DA	現預金	S	R	C	I		●●月●●日	✓
		DB	売掛金	R	S	C	I		●●月●●日	✓
		DC	棚卸資産	R	S	C	I		●●月●●日	✓
		……								
	B/S（負債・純資産）	……								
	P/L	……								

R（Responsible）：レビュー・承認者
A（Accountable）：説明責任者
S（Support）：計算・起票・調書作成の主担当者（実行者）
C（Consult）：相談役
I（Inform）：報告先
※　RASCIモデル，および権限移譲に関しては第9章第2節および第3節参照。

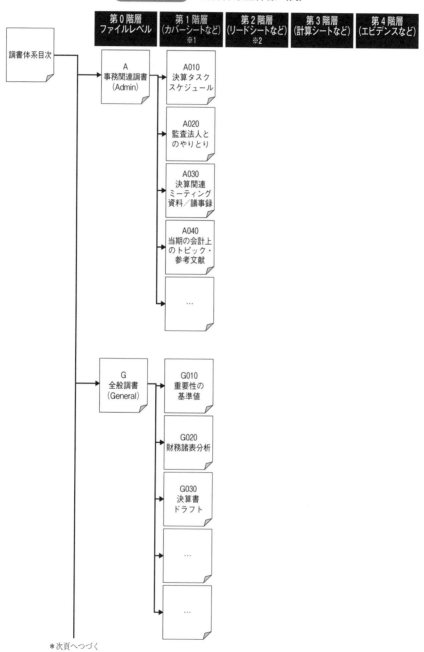

図表付-①-4　調書体系全体像（例）

＊次頁へつづく

第0階層 ファイルレベル	第1階層 (カバーシートなど) ※1	第2階層 (リードシートなど) ※2	第3階層 (計算シートなど)	第4階層 (エビデンスなど)

・資料間の数値は必ず相互のレファレンスによってどちらからも追跡可能にする
・ファイリングしない情報を基にする場合は，必ずデータソースを明記する

サンプル①

D
科目別調書
（Details）

→ DA001
現預金
カバーシート

→ DA010
現預金
リードシート

→ DA110～
現金
実査表

DA120～
銀行預金
残高証明

…

サンプル②

DF001
固定資産減損
カバーシート

→ DF010
固定資産減損
リードシート

→ DF100
グルーピング
検討シート

→ DF101
資産配分
シート

DF110
減損兆候判定
シート

→ DF111
事業部別営業
損益推移

DF112
事業部別予算

…

…

…

※1　カバーシート：当該勘定科目に関する，下位に位置する調書・資料一式の目次や，それらの各調書の目的，作業の結果サマリーを記載する（下位の調書やエビデンスは，決算調書の全体目次に記載するには細かすぎるため）。また作成者・作成日付，承認者，承認日付等を記録することで，内部統制としての承認記録にもなる。
※2　リードシート：当該勘定科目の数期間の推移分析や，関連する科目間（例：売掛金 vs 売上高など）の比率分析を行うためのシート。

図表付-①-5　サンプル①：現預金

1．カバーシート

事業拠点名	ABC 株式会社	調書名	現預金
会計期間	●●年●●月期	調書 Ref.	DA001
作成者	●●太郎	作成日	●●年●●月●●日
承認者	●●一郎	承認日	●●年●●月●●日

Ⅰ．当調書の目的

現金・預金残高の変動分析と残高の正確性の検証を行う。

Ⅱ．当調書の構成

Ref. No	調書名称	目的	結論サマリー
DA010	リードシート（期間変動分析表）	全体分析（異常値発見）	当期は主に●●の影響により，●●事業の減損額が●●千円増加（減少）。その他異常な変動は発見されず，残高は妥当と判断する。
DA110	現金実査表	現金の期末残高の検証	実査表との一致を確認した。
DA120	銀行預金残高証明	預金の期末残高の検証	全口座，銀行残高証明書との一致を確認した。

Ⅲ．根拠となる会計基準等

名称	略称
とくになし	

Ⅳ．その他凡例

内容

2．リードシート

当調書のレファレンスナンバー

DA010

現預金　リードシート

（単位：千円）

	（全社）		A	B	C	D＝C－B	D/B＊100	
B/S	科目	Ref.	XX1/3	XX2/3	XX3/3	変動額	変動率（％）	
	現金	DA110	1,000	1,200	1,170	－30	－3%	
	現金計		1,000	1,200	1,170	－30	－3%	
	A銀行普通預金	DA120 P1	300,000	400,000	450,000	50,000	13%	＊1
	B銀行普通預金	DA120 P2	12,000	13,000	25,000	12,000	92%	＊2
	B銀行定期預金	DA120 P2	30,000	15,000	3,000	－12,000	－80%	＊2
	預金計		342,000	428,000	478,000	50,000	12%	
	現預金計		343,000	429,200	479,170	49,970	12%	

下位の資料（根拠となる計算シートやエビデンス）とレファレンスをつなげる

当調書の目的

　現預金にかかる各科目の変動分析や比率分析により，異常な残高の有無を識別する。

分析スコープの基準値

　XX円以上の変動/XX％以上の変動

変動分析コメント

　＊1　主に当期利益●●円，新規借り入れ●●円による影響で増加。
　＊2　B銀行定期預金が期間満了により，B銀行普通預金に預金振替

結論

　現預金残高に異常な変動なく残高妥当と判断する。

当調書における実施作業の結論を記載しサイン。

作業実施者氏名・日付

　●●太郎　●●年／●●月／●●日

3. リードシートの下位資料（エビデンス等）

DA110

実査表

（円）

金種	枚数	金額
1万円札	100	1,000,000
5千円札	30	150,000
2千円札	0	0
千円札	20	20,000
合計		1,170,000

＜DA010＞

上位の調書からのレファレンスを記載し数値のつながりを明示する

実査日	●●年●●月●●日
実査担当者	●●太郎，▲▲次郎
承認者	××三郎

DA120 P1

残高証明書

●●年●●月●●日における貴社の当行口座残高は下記のとおりです。

（円）

普通預金	450,000,000

＜DA010＞

株式会社A銀行

DA120 P2

残高証明書

●●年●●月●●日における貴社の当行口座残高は下記のとおりです。

（円）

普通預金	25,000,000
定期預金	3,000,000

＜DA010＞

株式会社B銀行

図表付-①-6　サンプル②：固定資産の減損検討

1．カバーシート

事業拠点名	ABC 株式会社	調書名	固定資産の減損検討
会計期間	●●年●●月期	調書 Ref.	DF001
作成者	●●太郎	作成日	●●年●●月●●日
承認者	●●一郎	承認日	●●年●●月●●日

Ⅰ．当調書の目的

下記を行うことで固定資産評価（減損検討）を適切に実施する
・期末固定資産残高について減損の要否を検討
・減損計上が必要な場合，減損金額の測定
・減損計上にかかる仕訳

Ⅱ．当調書の構成

Ref. No	調書名称	目的	結論サマリー
DF010	リードシート（期間変動分析表）	全体分析（異常値発見）	当期は主に●●の影響により，●●事業の減損額が●●千円増加（減少）。その他異常な変動は発見されず，残高は妥当と判断する。
DF100	グルーピング検討シート	減損検討に先立ち資産グループを決定する	グルーピング単位を事業単位とする（詳細は DF100参照）。
DF101	各グループへの資産配分シート	B/S に計上されている固定資産を網羅的に各資産グループ／共有資産に配分する	調書参照
DF110	減損兆候判定シート	資産グループごとに減損の兆候の有無を検討	●●事業部，××事業部，共用資産について兆候ありと判断する。
DF111	事業部営業損益推移	各事業部の営業損益・営業 CF の推移が継続してマイナスとなっていないか（見込みがないか）確認	
DF120①	減損認識判定シート（●●資産グループ）	兆候ある場合，将来 CF と比較し減損認識の要否を検討する	●●事業について減損認識必要と判断する。
DF120②	減損認識判定シート（××資産グループ）	兆候ある場合，将来 CF と比較し減損認識の要否を検討する	××事業について減損認識不要と判断する。
DF120③	減損認識判定シート（共用資産）	共用資産に兆候ある場合，関係する資産グループに共用資産を含めた，"より大きな単位" での将来 CF と比較し減損認識の要否を検討する	共用資産について減損認識不要と判断する。
DF130①	減損測定シート（●●資産グループ）	認識が必要な場合，将来 CF の割引計算により，計上すべき減損金額を測定する	●●事業について，●●千円減損計上が必要と判断する。
DF130②	減損測定シート（××資産グループ）	認識が必要な場合，将来 CF の割引計算により，計上すべき減損金額を測定する	当期該当なし
DF130③	減損測定シート（共用資産）	共用資産に減損認識が必要な場合，将来 CF の割引計算により，計上すべき減損の増加金額を測定する	当期該当なし
DF140	割引率計算シート	減損測定に必要な割引計算の基礎情報としての割引率を計算する	割引率は WACC とし，●%とする。
DF141	10年物長期国債利回り	割引率の構成要素である株主資本コスト計算の基礎情報（リスクフリーレート）の算定	調書参照
DF142	ベータ値算定	割引率の構成要素である株主資本コスト計算の基礎情報（リレバードβ）の算定	調書参照
参考	減損検討から計上までの基本的な流れ	―	調書参照

Ⅲ．根拠となる会計基準等

名称	略称
固定資産の減損に係る会計基準	減損基準
固定資産の減損に係る会計基準の適用指針	減損適用指針

Ⅳ．その他凡例

内容

2．リードシート

DF010
(単位：千円)

			A	B	C	D＝C−B	D/B*100	
B/S	科目	Ref.	XX1/3	XX2/3	XX3/3	変動額	変動率（%）	
	全社							
	資産イ	下記①＋②	1,250,000	1,000,000	750,000	−250,000	−25%	*1
	資産ロ	下記①＋②	75,000	67,500	60,000	−7,500	−11%	
	資産ハ	下記①＋②	66,667	50,000	33,333	−16,667	−33%	
	資産二	下記①＋②	25,000	16,667	8,333	−8,334	−50%	
	全社資産計		1,416,667	1,134,167	851,666	−282,500	−25%	
						0	—	
	減損損失累計額	下記①＋②	0	0	−34,000	−34,000	—	
						0	—	
	差引計		1,416,667	1,134,167	817,666	−316,500	−28%	
P/L	減損損失		0	17,000	17,000	0	0	

（資産グループ別内訳）
①

			A	B	C	D＝C−B	D/B*100	
B/S	科目	Ref.	XX1/3	XX2/3	XX3/3	変動額	変動率（%）	
	●●事業							
	資産イ	DF130	500,000	400,000	300,000	−100,000	−25%	
	資産ロ	DF130	30,000	27,000	24,000	−3,000	−11%	
	資産ハ	DF130	26,667	20,000	13,333	−6,667	−33%	
	資産二	DF130	10,000	6,667	3,333	−3,334	−50%	
	●●事業資産計		566,667	453,667	340,666	−113,000	−25%	
						0	—	
	減損損失累計額	DF130	0	0	−34,000	−34,000	—	
						0	—	
	差引計		566,667	453,667	306,666	−147,000	−32%	
P/L	減損損失			17,000	17,000	0	0	*2

②

B/S	科目	Ref.	XX1/3	XX2/3	XX3/3	変動額	変動率（%）	
	××事業							
	資産イ	DF131	750,000	600,000	450,000	−150,000	−25%	
	資産ロ	DF131	45,000	40,500	36,000	−4,500	−11%	
	資産ハ	DF131	40,000	30,000	20,000	−10,000	−33%	
	資産ニ	DF131	15,000	10,000	5,000	−5,000	−50%	
	××事業資産計		850,000	680,500	511,000	−169,500	−25%	
						0	−	
	減損損失累計額	DF131	0	0	0	0	−	*3
						0	−	
	差引計		850,000	680,500	511,000	−169,500	−25%	
P/L	減損損失		0	0	0	0	−	*3

当調書の目的
　固定資産減損にかかる各科目の変動分析や比率分析により，異常な残高の有無を識別する。

分析スコープの基準値
　XX 円以上の変動／XX % 以上の変動

変動分析コメント
　＊1　●●事業部，××事業ともに減価償却による減少（●●100,000千円，XX150,000千円）。償却計算の妥当性は【XX】参照。
　＊2　【DF130①】にて減損金額を計算。
　＊3　【DF110】で減損兆候判定の結果，当期は兆候なしと判断。

結論
　減損損失額に異常な変動はなく，残高妥当と判断する。

作業実施者氏名・日付
　●●太郎　　●●年／●●月／●●日

【巻末付録②】　近年の内部統制報告書上の「重要な不備」開示件数の推移分析

　ここでは，第6章にて，内部統制報告制度導入後，上場企業における内部統制上の「重要な不備」開示件数が減っていないとお伝えした根拠について，筆者の分析過程を掲載します。

　図表付-②-1は内部統制報告書における「重要な不備」の開示件数の推移を表したものです。

　無論，内部統制上の重要な不備があったとしても，結果的に財務報告が適切になされるケースもありますし，不適切会計が発覚したとしても内部統制報告は適正であると判断される場合もありえます^(※)ので，実際には，「開示すべき重要な不備」＝不適切会計の発生ではない点は，あらかじめ留意が必要です。しかしながら，開示すべき重要な不備の件数の推移は，J-SOX導入後の企業の財務報告の信頼性の向上の変遷を検討するうえでの目安にはなるはずです。

　　※　"不適切会計が発覚したとしても内部統制報告は適正である"とされるパターンは非常に稀なケースかと思います。以下は，筆者が過去支援していた企業で実際に経験したケースです。当時，評価対象外であった子会社にて不適切会計が発覚したことで有価証券報告書の財務数値の訂正が行われたものの，内部統制評価については基準に従い適正に行っていたことを監査法人や証券取引所，金融庁へ主張し，喧々諤々の議論の結果，内部統制報告書の訂正回避を勝ち取ったことがありました。財務数値は訂正したが，企業としての内部統制対応は適正であった（内部統制報告の訂正を免れた）と内外にアピールすることで，企業としての傷口は最小限にとどめることができましたし，企業の内部統制対応は"決算数値に引っ張られる答えありきの結果論ではない"という，制度に基づく内部統制対応のあり方を考え直すきっかけにもなる，極めて大変ではあるものの有意義で価値のある経験であったと思います。

図表付-②-1　重要な不備開示の件数推移

(単位：件)

市場／決算期	当年／訂正	2013/4〜 2014/3	2014/4〜 2015/3	2015/4〜 2016/3	2016/4〜 2017/3	合計
東証第一部	当年度報告	6	9	10	8	33
	訂正報告	23	18	9	1	51
	小計	29	27	19	9	84
それ以外	当年度報告	14	16	30	14	74
	訂正報告	25	17	7	0	49
	小計	39	33	37	14	123
合計	当年度報告　計	20	25	40	22	107
	訂正報告　計	48	35	16	1	100
	合計	68	60	56	23	207
	当年度 vs 訂正倍率	2.4	1.4	0.4	0.05	

出所：日本公認会計士協会監査・保証実務委員会研究報告第32号「内部統制報告制度の運用の実効性の確保について」をもとに筆者加工

　2018年4月に日本公認会計士協会から公表された監査・保証実務委員会研究報告第32号「内部統制報告制度の運用の実効性の確保について」（以下「研究報告32号」）によると，内部統制報告書上の「開示すべき重要な不備」の報告件数（訂正報告含む）は，2013年4月期から2017年3月期までの4期間中に合計で207件にのぼっています。

　そのうち東証第一部上場企業で84件，それ以外の企業で123件と，比較的中堅・小規模な上場企業のほうが重要な不備の報告件数が多い結果となっています。しかしながら，予想以上に東証第一部上場企業が多いことに驚かされます。

　この表を見て「なんだ，年々不備件数は減っているじゃないか」と気づかれた鋭い方もいらっしゃるでしょう。しかしながら，注意点として，**内部統制の訂正報告**は，過去の不適切会計が発覚したことに伴い，事後的に生じるケースが多いため，**直近の年度よりも，過去の年度の件数が増える傾向**にあります。

　実際，訂正報告と当年度の不備開示の倍率の推移を見てみると，2013年4月期〜2014年3月期は過年度訂正報告の件数が当年度不備報告の2.4倍もあるのに対し，年とともに当該倍率は減っていき，2016年4月期〜2017年3月期は0.05倍まで低下している，という結果になっています。

　逆にいうと，たとえ直近の重要な不備の開示件数が低かったとしても，5年も経てば過年度訂正報告が増え，例えば2013年4月期～2014年3月期の倍率（2.4倍）と同水準の不備発生件数まで膨れ上がることも十分に考えられるわけです。

図表付-②-2　**年度別　当年度発生の重要な不備と，過年度訂正による重要な不備報告件数の倍率**

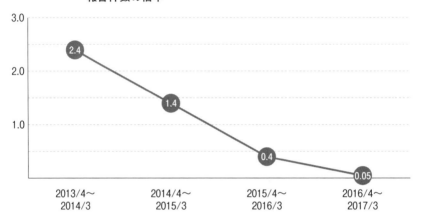

　図表付-②-3 および **図表付-②-4** は，過去の訂正報告件数をもとに，今後発生するであろう訂正報告件数を補正した "想定重要不備件数" と上場企業数との割合を筆者によりグラフ化したものです。これを見ると，重要な不備の件数は依然として高い水準にあるであろうこと，また，上場企業数の推移に関係なく，上場企業全体における重要な不備件数の割合は2013年から継続して2％以上であり，低減していないことがわかります。

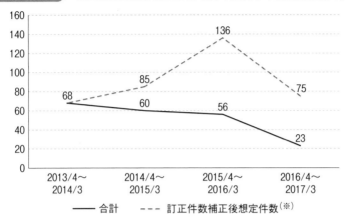

図表付-②-3　訂正報告件数を補正した場合の重要な不備想定件数の推移

※　当年度報告件数 ×（1＋2013年4月～2014年3月の当年度 vs 訂正倍率2.4）

図表付-②-4　上場企業全体における潜在的に重要な不備が含まれる割合

	2013年4月～ 2014年3月	2014年4月～ 2015年3月	2015年4月～ 2016年3月	2016年4月～ 2017年3月
東京証券取引所　上場企業数（社）	3,417	3,468	3,511	3,539
訂正件数補正後の重要な不備想定件数（件）	68	85	136	75
重要な不備の発生率	2.0%	2.5%	3.9%	2.1%

　これを裏付けるように，日本経済新聞（2019年1月9日）によると，2018年の内部統制報告書の訂正件数は106件と，2017年の61件を大幅に上回る結果となったようです（集計期間が暦年と思われるため，上記研究報告32号と数値が合わない点は要注意）。

　加えて週刊経営財務の調べによると，重要な不備の開示件数は，2017年4月期～2018年3月期の1年間で28件，2018年4月期～2019年3月期の1年間で32件，また2019年4月期～2020年3月期までの1年間では38件にのぼったということです（訂正報告を除く当年度報告のみ）。上述の筆者の過年度訂正の補正を行うと，将来5年程度の間に発覚するであろう潜在的重要な不備も含め，実質的には95件，109件，129件程度の重要な不備が2017年4月期以降，2020年3月期までの各年度で発生している計算となります。

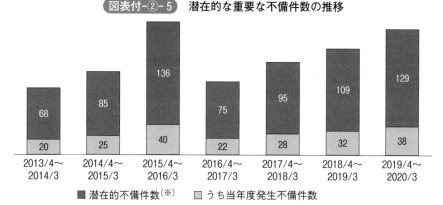

図表付-②-5　潜在的な重要な不備件数の推移

	2013/4〜2014/3	2014/4〜2015/3	2015/4〜2016/3	2016/4〜2017/3	2017/4〜2018/3	2018/4〜2019/3	2019/4〜2020/3
潜在的不備件数（※）	68	85	136	75	95	109	129
うち当年度発生不備件数	20	25	40	22	28	32	38

■ 潜在的不備件数（※）　□ うち当年度発生不備件数

※　当年度発生不備件数 ×(1＋2013年4月期〜2014年3月期の当年度 vs 訂正倍率2.4)

　ここでは，**図表付-②-4**の分析で，分母として使用した上場企業数について解説しておきます。使用した上場企業数は，東京証券取引所の上場企業数であり，全国の上場企業を網羅しているものではありません。しかしながら，**図表付-②-6**を見ればわかるように，東京証券取引所は国内上場企業の圧倒的大部分（2020年5月時点で97％のシェア）を占めることから，東京証券市場に上場する企業数の変遷が国内上場企業数の推移と考えても差し支えないと判断しました。そして，東京証券取引所における上場企業数の変遷を**図表付-②-7**にまとめてみました。

図表付-②-6　証券取引所別の上場企業数割合

証券取引所	上場企業数	割合
東京	3,713	97%
名古屋	67	2%
福岡	25	1%
札幌	16	0%
合計	3,821	100%

出所：2020年5月時点での各証券市場発表数値をもとに筆者集計・加工（地方の証券市場の数は単独上場企業数）

　図表付-②-7によると，2008年末の2,389社から2019年末の3,706社に至るまで，上場企業数は1,317社増加（＋55％）しているように見えます。中でも2012年から2013年までの1年で，一気に1,100社もの急激な増加が行われてい

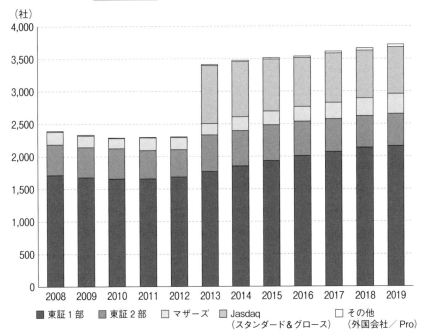

図表付-②-7　東京証券取引所上場企業数の推移

（社）

■東証 1 部　　■東証 2 部　　□マザーズ　　■Jasdaq　　　　　　□その他
　　　　　　　　　　　　　　　　（スタンダード＆グロース）　（外国会社／Pro）

出所：日本証券取引所グループ公表資料をもとに筆者加工

　ることがわかります。

　これは，データソースである日本証券取引所グループによると，東京証券取引所が大阪証券取引所と現物市場を統合したことによる増加が1,100社あったとのことです。よって，当該統合の影響を排除すると2019年末における上場企業社数は2,606社となり，12年間における実質的な上場企業社数の増加は217社の増加（＋ 9 ％の増加）であり，激増しているわけではないことがわかります。

　さらに，**図表付-②- 4** の分析で使用した東京証券取引所上場企業数データは，大阪証券取引所統合後の2013年12月から2016年12月のデータであり，上場企業数は3,417件から3,539件と，増加率はわずか3.5％です。

　つまり，**図表付-②- 4** で示した重要な不備件数と上場企業数との割合を見てもわかるとおり，重要な不備件数が減っていない（ないし増加傾向にある）のは，上場企業数が増えたから，という理由ではないのです。

お わ り に

　筆者はつねづね，監査法人と企業間のコミュニケーションには多くの無駄があるように感じています。

　これらの無駄を少しでも減らすことができれば，企業側にとっても，監査法人にとっても，まさに Win & Win の関係を築くことができるはずです。

　そこで本書では『**内部統制が変われば，決算・監査対応は楽になる，コストは安くなる**』をキーメッセージとして，『リスク・アプローチ』の理論を中心に企業の決算・監査コストを最適化するための企業側の取組み方について，解説してきました。

　本書でご紹介した最適化のポイントは，"明日から効果がすぐに出る『ウルトラC』"といったものばかりではないですが，企業の継続的な取組みによって長期的な視野で企業の決算・監査コストを最適化していく効果のあるものだと考えています。

　また，本書で紹介したもの以外にも，ちょっとした工夫で監査法人とのコミュニケーションにかかる無駄を，多少なりとも軽減することができるものもあります。

　詳細は，また別の機会に解説できればと思いますが，最後にいくつか簡単にご紹介しておきます。

　例えば，以下のようなちょっとした工夫・取組みだけで監査工数および監査対応工数は減らすことが可能です。

　① **見積科目に関する結論は可能な限り決算期末前に協議し結論をつける**

　② **監査法人からの資料依頼リストは必ず事前に入手し，監査期間で手待ちが発生しないようにする**

　③ **監査法人から依頼された資料については，『なぜ必要なのか』趣旨を確認する**

① 見積科目に関する要否の結論は可能な限り決算期末前に協議し結論をつける

引当や減損の計上要否など，将来のキャッシュフローを見積もる科目については決算期末を待つ必要はなく，期中で結論をつけることも可能な場合が多いです。

なぜなら，見積りに必要な将来のキャッシュフロー予測は，売上や仕入情報のように，期末日までの取引にかかる実績情報を取りまとめる必要がないからです。

仮に１か月前の情報をもとに将来のキャッシュフロー見積りを行っても，当時減損要否を検討した結論が１か月後の決算時に変わっている，という可能性は極めて低いのではないでしょうか。

監査法人との協議に時間を要する見積りに関する論点は，期中になるべく結論をつけておくことで，決算時の業務負荷の軽減だけでなく，決算早期化にもつながるはずです。

② 監査法人からの資料依頼リストは必ず事前に入手し，監査期間で手待ちが発生しないようにする

監査法人の往査（最近はオンラインが主流ですが）が始まってから，慌てて資料を準備し始めると，企業が資料を準備している間，監査法人は手待ちになります。

ただ，手待ちだからといって監査報酬が生じないかというとそんなことはなく，**『時給●万円×●名×●時間×●日＝●百万円』という公認会計士の時給の積み重ねが監査報酬（場合によっては翌年度の監査報酬）という形でまるまる会社のコストになるでしょう。**こういった無駄なコストを回避するためにも，事前の段取りは非常に重要です。

そのため，必ず監査で必要とされる書類・情報は十分前もって確認しておく必要があります。これも，決算早期化の観点でも重要です。

③ 監査法人から依頼された資料については，『なぜ必要なのか』趣旨を確認する

②にも関連しますが，監査法人から資料を依頼された際，必ず『その資料は何のために必要なのか？』を確認することが重要です。

多くの会社では，『監査法人の先生に言われたから』ということで依頼の趣旨を深く考えずに『とにかく耳を揃えて資料を出すために，資料準備に奔走』しているようです。

しかし**監査法人は，企業担当者が汗水たらして準備し，提出した資料のすべてを監査調書に綴じているわけではありません**。ともすると，半分以上捨てられている可能性もあります。最近はオンライン監査が主流なので気づきにくいかもしれませんが，監査法人の作業部屋で，大きな段ボールの中に書き損じた調書とともに企業が提出した資料のごみの山が作られているのを見たことのある企業担当者も多いのではないでしょうか。

監査法人の担当者としては，入手し漏れがあると後々面倒なので，『とりあえず多めに依頼する』というのが常套手段です。

しかしながら忙しい企業担当者からしてみると，監査法人の『とりあえず』のために，夜遅くまで残業させられては，たまったものではありません。

無論，監査法人も最初から無駄をつくるつもりはなく，何かを確認するために会社に資料を依頼するわけですから，『その資料は何のために必要なのか？』という一言をかけ，経理担当者（や内部統制担当者）が監査手続の趣旨を理解することで，実は『依頼された資料のすべてを提出する必要はなかった』，『依頼されたＡという資料をゼロから作らなくてもＢという別の資料で代替できた』など，無駄を省けることは実はいくらでもあるのです。

今後，DX（デジタル・トランスフォーメーション）や，AI，ブロックチェーンなど新技術の発展により，企業の内部統制や監査のあり方，リスク・アプローチの適用範囲が変わってくることがあるかもしれません。

しかしながら財務報告は過去の取引実績のみならず，将来のキャッシュフロー予測も含まれますから，最終的には必ず人間の判断が必要になるはずです。

監査においても，情報収集や分析下地はAIができるようになっても，最終

的には人間である公認会計士の分析力・専門的判断が求められる点に変わりは
ないはずです。

　このように，人間が財務報告や監査業務に関与し続ける以上，限られた人
的・時間的資源の中での決算・監査の完了を目指す『リスク・アプローチ』の
基本的な考え方は変わらないと思いますし，だからこそ長期的な視野に立って
企業側の内部統制が変わる意味は大きいと考えています。

　本書が，貴社の決算・監査による負荷やコストの最適化の一助になることを
願っております。

　2021年3月

著者を代表して　　　株式会社 Collegia International

代表取締役　**浅野　雅文**

（公認会計士・税理士）

≪参考文献≫（凡例に掲げたもの以外）

企業会計審議会「監査基準の改訂について」（令和 2 年11月 6 日）

金融庁「監査法人のローテーション制度に関する調査報告（第二次報告）」（令和元年10月25日）

公認会計士・監査審査会「令和 2 年版 モニタリングレポート」（令和 2 年 7 月）

───「監査事務所検査結果事例集（令和元事務年度版）」（令和元年 7 月30日）

───「監査事務所検査結果事例集（令和 2 事務年度版）」（令和 2 年 7 月14日）

日本公認会計士協会「監査上の主要な検討事項（KAM）の有意義な導入に向けて」（2019年 3 月 8 日）

───「監査報告書の透明化 KAM 試行の取りまとめ」（2017年11月17日）

───監査基準委員会報告書300「監査計画」（2011年12月22日，2019年 6 月12日改正）

───監査・保証実務委員会実務指針第85号「監査報告書の文例」（2011年 7 月 8 日，改正 2020年 3 月17日）

───IT 委員会実務指針第 6 号「IT を利用した情報システムに関する重要な虚偽表示リスクの識別と評価及び評価したリスクに対応する監査人の手続について」（2011年12月26日）

───IT 委員会研究報告第46号「重要な虚偽表示リスクと全般統制の評価」（平成26年 9 月30日）

日本監査役協会「会計監査人の評価及び選定基準策定に関する監査役等の実務指針」（平成27年11月10日）

EY 新日本有限責任監査法人『何が変わる？ 収益認識の実務〈第 2 版〉』（中央経済社，2020年）

KPMG『ICOFR reference guide 2016』

浅野雅文『セミナーDVD 付きでよくわかる！ 日本版 SOX 法 実務完全バイブル』（実業之日本社，2008年）

───『今から始める・見直す 内部統制の仕組みと実務がわかる本』（中央経済社，2019年）

石島隆監修・アルテ監査法人編著『決算効率化を実現する会計監査対応の実務』（中央経済社，2014年）

武田雄治『「経理の仕組み」で実現する 決算早期化の実務マニュアル〈第 2 版〉』（中央経済社，2016年）

───『「経理」の本分』（中央経済社，2019年）

毛利正人『図解 海外子会社マネジメント入門』（東洋経済新報社，2014年）

梅澤真由美「「BS レコンシリエーション」を取り入れよう」『旬刊経理情報』2018年11月10日号（中央経済社）

千代田邦夫「監査現場が危ない！」『企業会計』2019年12月号（中央経済社）

堀江正之「新型コロナ禍による内部統制への影響と監査対応─ニューノーマルを見据えた内部統制のあり方を視野に入れて─」『会計・監査ジャーナル』2021年 3 月号（日本公認会計士協会）

≪編著者紹介≫

浅野　雅文（あさの　まさふみ）

公認会計士・税理士

株式会社 Collegia International（コリージア・インターナショナル）代表取締役

米国 SOX 法の導入期から，監査人およびコンサルタントとして数多くの内部統制実務に携わる。外資系企業から国内上場企業まで幅広い指導経験を有しており，セミナー経験も豊富。

（略歴）

1978年　神奈川県生まれ。

2001年　公認会計士 2 次試験合格。KPMG 東京事務所（現・有限責任 あずさ監査法人）にて，米国系製薬メーカーやドイツ系自動車メーカー，国内大手警備企業など，国内外企業に対する財務諸表監査や内部統制監査を担当。

2006年　株式会社 Collegia International 設立。
　　　　設立来，多くの国内外の上場および非上場企業に対する，会計税務顧問，経営アドバイザー，社外役員として活動し，現在に至る。コンサルティングテーマとしては，決算体制・内部統制構築評価支援のほか，組織再編，事業承継におけるスキーム立案・実行支援，M&A における財務デューディリジェンス，株式価値算定，国際税務など。

【著書】『セミナー DVD 付きでよくわかる！　日本版 SOX 法　実務完全バイブル』（実業之日本社），『今から始める・見直す　内部統制の仕組みと実務がわかる本』（中央経済社）がある。

株式会社 Collegia International とは

『企業のグローバル化を会計・税務の面から支援する』をテーマにかかげ，2006年に設立された会計税務コンサルティングファーム。大手の会計事務所や監査法人では難しいとされる「攻めのスタイル」で，企業のために戦う真の会計税務プロフェッショナル集団を目指し活動している。上場企業や上場準備企業を中心に，内部統制や決算体制構築・評価の効率化コンサルティング，アウトソーシングのほか，研修サービスも提供している。

【公式 YouTube チャンネル】『魁！内部統制道場～内部統制って楽しい～』

（お問い合わせ先）

株式会社 Collegia International

〒100-0013　東京都千代田区霞が関3-7-1　霞が関東急ビル3F

Tel：03-6205-4945　E-mail：contact@collegia-intl.com

HP：www.collegia-intl.com

【Facebook】@collegiaintl

【Twitter】@masafumiasano

【Clubhouse】@masafumiasano

≪著者紹介≫（第5章担当）

武田　雄治（たけだ　ゆうじ）

公認会計士

武田公認会計士事務所 所長，株式会社 Collegia International 顧問

関西学院大学商学部卒業。

KPMG（現・有限責任 あずさ監査法人），東証上場企業財務経理部門，コンサルティング会社勤務等を経て，現在に至る。

監査をする側と監査をされる側の両方の経験を活かし，「経理を変えれば会社は変わる」との信念のもと，これまで数多くの上場企業財務経理部門の業務改善を行ってきた。決算早期化，決算業務改善，IFRS の分野では第一人者と称されている。

【著書】『「経理」の本分』（単著），『「経理の仕組み」で実現する　決算早期化の実務マニュアル〈第2版〉』（単著），『先行開示事例から学び取る　IFRS 導入プロジェクトの実務』（共著）（いずれも中央経済社）など多数。

【ホームページ】「武田公認会計士事務所」http://www.cpa-takeda.com/

【ブログ】「CFO のための最新情報」http://blog.livedoor.jp/takeda_cfo/

【連絡先】otoiawase@cpa-takeda.com

決算・監査コストの最適化マニュアル

2021年5月20日　第1版第1刷発行

編著者	浅　野　雅　文	
著　者	武　田　雄　治	
発行者	山　本　　　継	
発行所	㈱ 中 央 経 済 社	
発売元	㈱中央経済グループ パ ブ リ ッ シ ン グ	

〒101-0051　東京都千代田区神田神保町1-31-2
電話　03 (3293) 3371 (編集代表)
　　　03 (3293) 3381 (営業代表)
https://www.chuokeizai.co.jp
印刷／昭和情報プロセス㈱
製本／㈲ 井 上 製 本 所

©2021
Printed in Japan